EXAMEN CRITIQUE

DU

PROJET DE LOI SUR LES SOCIÉTÉS

ET DU

RAPPORT DE LA COMMISSION SÉNATORIALE

PAR

GEORGES DELOISON

Avocat à la Cour d'appel de Paris,

Auteur du *Traité des sociétés commerciales* françaises et étrangères.

———

PARIS

L. LAROSE ET FORCEL

Libraires-Éditeurs

22, RUE SOUFFLOT, 22

———

1885

EXAMEN CRITIQUE

DU

PROJET DE LOI SUR LES SOCIÉTÉS

ET DU

RAPPORT DE LA COMMISSION SÉNATORIALE

3832

EXAMEN CRITIQUE

DU

PROJET DE LOI SUR LES SOCIÉTÉS

ET DU

RAPPORT DE LA COMMISSION SÉNATORIALE

PAR

GEORGES DELOISON

Avocat à la Cour d'appel de Paris,

Auteur du *Traité des sociétés commerciales* françaises et étrangères.

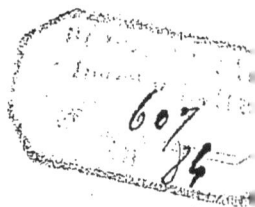

—◆—

PARIS

L. LAROSE ET FORCEL

Libraires - Éditeurs

22, RUE SOUFFLOT, 22

—

1885

A Monsieur le Président de la Commission sénatoriale chargée d'examiner le projet de loi sur les Sociétés commerciales, déposé sur le bureau du Sénat le 6 décembre 1883.

MONSIEUR LE PRÉSIDENT,

M. le ministre de la Justice et vos collègues du Sénat vous ont successivement appelé à présider les deux commissions chargées, la première, d'élaborer, la seconde, d'examiner, en vue de la discussion parlementaire, un projet de loi sur les sociétés commerciales. Je ne saurais donc mieux faire que de vous adresser une étude (1) à laquelle m'avaient préparé des travaux antérieurs, dont je me suis ait une loi d'éloigner toute critique systématique et malveillante et qui est seulement un examen sérieux, loyal et sans parti pris d'un projet qui me paraît intéresser au plus haut point le commerce en général et le pays tout entier.

On ne s'en douterait vraiment pas en constatant cette indifférence profonde qui succède trop souvent et trop rapidement en France aux émotions les plus vives et les plus légitimes. Ces inquiétudes et ces appréhensions de la première heure qu'avaient fait naître les écroulements financiers de 1882, ont bien diminué d'intensité et il en est peu qui songent encore à apporter des remèdes énergiques à un mal qui s'était révélé tout à coup avec tant de gravité et par tant de désastres. N'avons-nous donc plus rien à redouter pour l'avenir ou le péril s'est-il tellement éloigné qu'on puisse oublier pour quelque temps les préoccupations du premier moment?

Ceux qui, comme vous, Monsieur le Président, suivent attentivement ces questions, n'ont pas de peine à se rendre compte que le péril subsiste, qu'il n'a pas diminué d'intensité et qu'il nous menace encore d'autant plus que le temps obscurcit et efface les souvenirs et que bientôt la spéculation aura repris son empire sur tous ceux qu'il importerait de protéger.

(1) Voir les nombreux articles parus dans la *Gazette des Tribunaux* dans les mois de mars, avril et mai 1884.

J'ai l'espoir que le Sénat ne se laissera pas envahir par cette fatale indifférence et qu'il se fera un devoir de discuter les améliorations réelles que le projet propose d'apporter à la loi de 1867 ; c'est le seul moyen d'empêcher le retour des excès et des ruines des dernières années.

Cette indifférence générale n'est pas le seul obstacle contre lequel le projet de loi aura à lutter. Vous n'ignorez pas, Monsieur le Président, les objections qui se sont élevées non seulement contre les modifications qu'on voudrait introduire à la loi de 1867, mais aussi et depuis plus longtemps contre la loi elle-même. Quelques-uns sont allés jusqu'à dire qu'elle devait être non pas modifiée mais supprimée ; qu'il était préférable de revenir au Code de commerce et même de retourner en arrière jusqu'au Code civil en appliquant les règles du droit commun à toutes les difficultés qui s'élèvent autour des sociétés commerciales.

Elle n'est pas d'aujourd'hui à se produire, cette idée singulière et paradoxale que c'est de la multiplicité des lois que provient la multiplicité des délits ; que moins il y a de prescriptions légales, moins il y a de violations, que les lois naturelles et primordiales suffisent, à l'exclusion des lois conventionnelles, qui, en raison de leur arbitraire, commandent moins le respect et manquent un peu d'autorité.

Le grand historien Tacite dissertant sur ce sujet, conclut par une parole profonde qui mérite d'être rapportée. Après avoir constaté qu'au commencement les lois étaient simples et accommodées à l'esprit et aux mœurs grossières des hommes ; qu'elles ont dû devenir plus nombreuses à mesure que ceux-ci devenaient plus civilisés, il ajoute : *Corrupta republica, plurimæ leges* : « Plus il y a de corruption et plus les lois sont nombreuses. » (Tac., *Ann.*, liv. III, ch. XXVII.)

C'est en effet le caractère d'une civilisation raffinée de développer immodérément les appétits ; les intelligences grandissent et l'honnêteté diminue au point de mettre en péril l'intérêt de l'État et des particuliers. Les principes premiers, les généralités n'ont pas assez de développement et ne donnent pas des clartés suffisantes pour suivre les habiles dans le dédale de leurs subtiles inventions. Tant que ces deux qualités, l'honnêteté et l'intelligence seront, comme la fortune, réparties inégalement entre les hommes, une intervention plus ou moins accusée de l'État sera nécessaire pour s'opposer aux usurpations de la ruse comme aux violences de la force brutale. Quelle faute énorme ce serait de supprimer la législation spéciale des sociétés de commerce! Pour nous en tenir à la société par actions, qui ne voit combien elle est dissemblable de la société en général dont il est traité au code civil? On peut dire que c'est une fille qui n'a aucune ressemblance avec sa mère : que feraient les juges pour décider dans la plupart des circonstances s'ils n'avaient d'autres règles que ces principes du code ? A des choses nouvelles il faut évidemment un droit spécial et nouveau.

La société anonyme, telle que l'ont faite les usages et les besoins du commerce, est une force trop redoutable pour ne pas être réglementée par des lois particulières. Laisser dans le mystère de la convention secrète, dans la simplicité du contrat particulier une association qui revêt presque toujours un caractère public, qui se rattache aux plus grands intérêts, ce serait une abstention coupable dont l'État ne tarderait pas à se repentir.

Je ne saurais ici passer sous silence un caractère juridique qu'on a été contraint de reconnaître à cette forme de société et qui la rapproche de ces personnes morales qui se rencontrent dans toutes les nations et qui, en raison de leur situation singulière, sont nécessairement soumises à un régime particulier de surveillance et de protection tout à la fois. En quel temps en effet et dans quel pays a-t-on vu l'État ne pas se préoccuper d'une manière particulière de ces collectivités qui agissent *per modum unius*, au moyen de mandataires choisis en diverses façons? Est-il admissible qu'il se désintéresse, au point de ne leur appliquer que le droit commun, de ces individualités juridiques, créations toutes modernes, qui se forment sans lui, en dehors de lui, qui concentrent en elles-mêmes une prodigieuse activité, des capitaux considérables, qui, en un mot, plus heureuses qu'Archimède semblent avoir trouvé un point d'appui pour soulever le monde.

Tant est grande la puissance de ces individualités qu'on ne saurait s'étonner que, considérant les dangers qu'elles peuvent engendrer, en présence des ruines que dernièrement elles avaient amoncelées autour d'elles, recueillant les malédictions de ceux dont elles avaient englouti les économies avec les espérances, de bons esprits appelés à constater les malhonnêtetés et les vilenies des mandataires sociaux, en soient venus dans leur écœurement à prétendre que la société anonyme est la peste et le fléau des nations modernes (1).

Dieu nous garde cependant de nous associer à de pareilles exagérations et à un pareil oubli des services immenses qu'elles rendent dans le monde. Ce sont elles qui, dans les grandes villes, nous procurent l'eau et la lumière, qui les assainissent, qui augmentent et facilitent les transports et les communications, qui établissent tant de voies ferrées, qui sillonnent les mers de tant de vaissaux, relient ainsi les mondes entre eux, qui transmettent la pensée par les télégraphes, la parole par les téléphones, sans se laisser arrêter par aucune des difficultés qu'on pourrait tout aussi bien appeler des impossibilités. Rien de grand, de beau, de durable ne s'opère en dehors d'elles, lorsque ce n'est pas l'État (cette grande société anonyme) qui agit lui-même.

On leur reproche surtout de ne s'appuyer sur aucune responsabilité personnelle ; c'est leur mauvais côté ; là est leur faiblesse ; mais là est aussi leur force. Lorsqu'un homme engage tous ses biens dans les opérations commerciales qu'il entreprend, on a des garanties solides d'une bonne gestion ; mais cette responsabilité n'a-t-elle pas aussi ses inconvénients ? Ces sociétés dont nous parlions et qui ont rendu et qui rendent d'immenses services à la civilisation et au progrès, sont constituées à un capital social tel que la responsabilité personnelle d'administrateurs serait une illusion et ne servirait qu'à éloigner de la direction les personnes capables et sérieuses. La commandite par actions a régné pendant la captivité de la société anonyme ; le souvenir de ce temps n'est pas tellement effacé qu'on puisse le regretter aujourd'hui comme l'âge d'or. Les abus et les excès d'aujourd'hui avaient été les mêmes autrefois ; on trompa tout autant le bon public, ce furent les mêmes spéculations, les mêmes agiotages, les mêmes scandales.

Non, le règne de la commandite par actions n'est pas regrettable ; elle n'a rien fait de grand et de durable excepté des ruines. Elle se prêtait sans peine aux spéculations les plus éhontées et quoiqu'elle ait été délaissée par ce motif, honorable pour elle, que la société anonyme promettait plus de complaisance, celle-ci nous paraît encore préférable, mais à la condition qu'une législation sévère et vigilante réglera son existence et son fonctionnement.

(1) Voir les articles de M. Malapert et la lettre M. de Larombière dans le *Droit* des 26-27 et 28 mars et 6 avril 1874.

Si donc tant d'abus se sont produits depuis vingt ans, ce n'est pas parce que le législateur avait cru devoir établir des règles particulières et spéciales aux sociétés commerciales en dehors du droit commun et du Code de commerce. A cette création nouvelle, à cette personne morale introduite dans le droit, il fallait nécessairement une réglementation qui prévînt les fraudes, qui protégeât tout à la fois les intérêts de la société et de ceux qui entraient en rapport avec elle, qui déterminât les droits et les obligations de ses mandataires. Malheureusement, cette législation ne s'est pas appuyée sur des principes ; elle s'est bornée à des applications particulières, à des précautions restreintes, parce qu'on n'avait pas une idée exacte des maux qu'on voulait prévenir.

L'expérience faite depuis, quoique désastreuse, a donné des enseignements dont il faut savoir profiter. En recherchant les causes du mal, on s'apercevra sans peine que les sociétés anonymes ont été trop abandonnées à elles-mêmes. Par esprit de réaction contre les sévérités de la loi de 1856, sous une impulsion d'un libéralisme qui commençait à reparaître, on a trop oublié en 1867 ce principe d'ordre supérieur que toute personne qui, en raison de quelque incapacité que ce soit, ne peut agir que par mandataires, doit être considérée comme un mineur ou un incapable, et à ces titres elle a droit à une protection et à une surveillance efficace de l'État. On n'avait pas eu d'autre motif pour établir l'autorisation préalable ; ce faisant on avait dépassé malheureusement la mesure ; car ce n'était pas une protection libérale, une surveillance contenue dans de justes bornes ; c'était l'administration intervenant dans les conventions et leur enlevant ainsi, en même temps que l'indépendance, leur grand principe de fécondité. Ainsi qu'il en arrive toujours, parce qu'on avait été trop loin dans un sens, on est tombé dans l'excès contraire. Le législateur s'est contenté de tracer quelques règles générales, et il a complètement abandonné la société à la merci de ses mandataires.

En théorie rien ne paraît mieux coordonné qu'une société anonyme. Au sommet une assemblée générale qui gouverne d'après les statuts constitutifs et qui a le pouvoir de les modifier ou d'en augmenter le nombre ; elle est la représentation de la société, la société elle-même, dont elle possède à peu près toutes les attributions et les pouvoirs :

Les affaires courantes se traitent par un conseil d'administration qui doit compte de sa gestion à l'assemblée générale après avoir subi le contrôle d'un comité de surveillance que celle-ci a désigné.

Cette constitution, comme bien d'autres, n'est belle qu'en théorie; elle a été loin de répondre dans la pratique aux espérances qu'on était en droit d'attendre d'elle. Tout l'organisme est faussé parce que les rapports entre les divers pouvoirs sont dénaturés. Le conseil d'administration se compose le plus souvent de gens influents, sénateurs, députés, financiers, grands industriels, qui se préoccupent plus des titres représentatifs que de l'objet social, qui en un mot *spéculent* au lieu de *commercer*. Les Assemblées générales sont à leur disposition parce que rien ne leur est plus facile que de s'y assurer une majorité complaisante, d'autant plus que leur mode de fonctionnement s'oppose à une discussion et à une délibération en connaissance de cause. Quant aux commissaires, ils ne sont le plus ordinairement que des échos répétant les paroles et les conclusions des administrateurs.

Quels moyens employer pour redresser cet organisme, pour remédier à un mal qui rend les sociétés anonymes si dangereuses ? Comment d'une part empêcher les administrateurs de confisquer pour ainsi dire la société à leur profit personnel et d'autre part leur assurer l'indépendance, la liberté d'action contre une minorité turbulente ?

C'est en premier lieu à la sagesse et à l'intelligence des actionnaires d'y pourvoir; qu'ils tiennent à l'observation des statuts qu'ils se sont donnés ; qu'ils surveillent leurs administrateurs et surtout qu'ils sachent les bien choisir. Le législateur doit aussi intervenir quoique d'une façon accessoire et tout extérieure ; mais qu'il ne se borne pas à établir des règlements .; surtout qu'il en surveille l'exécution. Lorsqu'on a supprimé l'autorisation préalable, on a cru pouvoir se décharger de toute responsabilité en conférant aux mandataires sociaux une sorte de magistrature qui les rend responsables de toutes les infractions à la loi. L'expérience a prouvé contre ce moyen et l'a dénoncé comme insuffisant et inefficace ; il faut donc trouver autre chose.

Personne ne saurait songer sérieusement à rétablir l'autorisation préalable, quoique ce régime ait vu naître de grandes sociétés anonymes qui sont encore au premier rang par leur puissance d'action et leur prospérité. Qu'il soit donc posé en principe que l'État ne pourra intervenir que dans une certaine mesure, qui n'ira pas jusqu'à lui permettre une immixtion quelconque dans les conventions et les agissements de la Société. Mais au moins qu'il fasse exécuter les lois ; qu'il contrôle leur exécution par ses agents et que de cette manière disparaissent presque toutes ces causes de nullité qui sont un des plus grands fléaux des Compagnies.

La difficulté ne sera pas aussi grande qu'on pourrait le croire d'organiser un pareil service à l'instar de ce qui se fait presque partout à l'étranger, en créant un bureau des sociétés qui concentrerait, au grand avantage de tous, les renseignements qui les concernent et qui veillerait à la stricte exécution de la loi.

Vous remarquerez, Monsieur le Président, si vous voulez bien jeter les yeux sur cette étude, que je reviens en différentes fois et avec grande insistance sur la nécessité et les avantages de cette création. Je la regarde en effet comme de la plus haute importance, de même que, dans l'organisation d'une tutelle, l'État ne s'en est pas remis au conseil de famille pour la défense des intérêts du mineur, puisqu'il confie la présidence de ce conseil à l'un de ses représentants ; de même il convient qu'il ne se désintéresse pas complètement et ne se décharge pas sur d'autres de la protection de cette personne morale qui ne saurait agir que par des mandataires.

Le bureau des sociétés, tout en se maintenant dans de justes limites, aurait encore une tâche considérable à accomplir. Il recevrait les déclarations des fondateurs, relatives à la constitution de la société ; il vérifierait les listes de souscription, constaterait le versement du quart, serait même le plus souvent le consignataire des fonds jusqu'à l'accomplissement de toutes les formalités. Ses agents feraient un rapport aux assemblées sur la valeur des apports en nature et des avantages accordés à des particuliers.

Ce bureau recevrait aussi tous les documents exigés par la loi pour la publicité ; il se chargerait lui-même des insertions au *Recueil des sociétés* et autres journaux. Il aurait ensuite à s'enquérir si toutes les prescriptions relatives à la gestion des administrateurs, à la tenue des assemblées générales, à la confection de l'inventaire, du bilan, des rapports des conseils de surveillance et d'administration, sont remplies en temps et lieu. Pourquoi n'aurait-il pas la faculté d'appliquer des amendes déterminées à toute violation de ces règlements? C'est le système anglais, un peu minutieux sans doute; mais il a bien ses avantages.

Ce serait de ce même bureau que ressortiraient les sociétés étrangères, qui leur accorderait les émissions et négociations de leurs titres. C'est là qu'on trouverait tous les renseignements désirables sur une société, bien plus aisément qu'on ne le fait actuellement dans les greffes des tribunaux de commerce et de justice de paix.

J'aime à croire, Monsieur le Président, que vous serez frappé de tous les avantages qu'assurerait la création de ce bureau et que vous comprendrez la nécessité comme les avantages d'une institution qui aura tous les bons côtés de l'autorisation préalable sans en avoir les inconvénients.

L'institution de ce bureau des sociétés ne fera qu'accentuer davantage les ressemblances de notre législation des sociétés avec celles qui sont en vigueur dans les pays étrangers. Un accord merveilleux s'est fait sur ce point en dehors de toute entente ; toutes les divergences se résument en des nuances qu'il sera aussi aisé de laisser subsister que de faire disparaître ; vu qu'il n'existe aucune différence essentielle qui provienne du droit général ou d'usages invétérés.

Je n'ai pas à vous faire ressortir, Monsieur le Président, combien il serait avantageux que toutes les nations européennes s'entendissent définitivement sur la législation des sociétés commerciales. On a fait bien des essais infructueux de rapprochement sur d'autres questions ; pourquoi, avec tant de chances d'un bon résultat, ne pas essayer d'obtenir une législation commune à toutes les sociétés commerciales ?

Il vous appartient, Monsieur le Président, de mettre cette question à l'étude, d'appeler l'attention des personnes compétentes soit en France soit à l'étranger sur l'importance d'une solution en commun qui aurait le double avantage d'augmenter la puissance d'action des sociétés et de faire disparaître en grande partie les préjugés qui subsistent contre elles ; d'autant plus que cette entente rassurerait le public effrayé pour le moment des dangers qu'elles présentent et des maux qu'elles peuvent causer.

Je vous prie d'agréer, Monsieur le Président, l'assurance de ma considération distinguée.

GEORGES DELOISON,
Avocat à la cour d'appel de Paris.

Paris, 20 août 1884.

PROJET

DE

LOI SUR LES SOCIÉTÉS

TITRE PREMIER

DES SOCIÉTÉS ANONYMES

ARTICLE PREMIER (1).

Les sociétés anonymes peuvent se former sans l'autorisation du gouvernement.

Elles peuvent, quel que soit le nombre des associés, être formées par un acte sous seing privé fait en double original.

Elles sont soumises aux dispositions des articles 29, 30, 32, 33, 34 et 36 du Code de Commerce et à celles de la présente loi.

(C'est la reproduction de l'article 21 de la loi de 1867 avec quelques modifications sans importance.)

ART. 2

La Société ne peut être constituée si le nombre des associés est inférieur à sept.

(Article 23 de la loi de 1867.)

---

(1) Les articles et paragraphes communs à la loi de 1867 et au projet sont imprimés en caractères romains.

Art. 3

Les Sociétés *anonymes* ne peuvent diviser leur capital en actions ou coupons d'action de moirs de 100 fr. lorsque le capital n'excède pas 200,000 fr., et de moins de 500 fr. lorsqu'il est supérieur.

Elles ne peuvent être définitivement constituées qu'après la souscription de la totalité du capital et le versement par chaque actionnaire du quart au moins du montant des actions par lui souscrites.

Les souscriptions et les versements sont constatés par une déclaration des *fondateurs* dans un acte notarié; *la déclaration indique le lieu où le montant des versements a été déposé.*

A cette déclaration sont annexés: la liste des souscripteurs, l'état des versements effectués, l'un des doubles de l'acte de Société, s'il est sous seing privé, ou une expédition, s'il est notarié et s'il a été passé devant un notaire autre que celui qui a reçu la déclaration.

L'acte sous seing privé, quel que soit le nombre des associés, est fait en double original, dont l'un est annexé, comme il est dit au paragraphe qui précède, à la déclaration de souscription du capital et de versement du quart, et l'autre reste déposé au siège social.

(Article 1er.)

Art. 4

Tout bulletin de souscription d'une Société doit contenir :
1° *L'indication sommaire de l'objet de la Société ;*
2° *Le montant du capital social ;*
3° *La partie du capital social représentée par des apports en nature ;*
4° *La partie du capital à réaliser en espèces;*

5° *Les avantages particuliers réservés aux fondateurs;*

6° *La date de la publication du projet d'acte de société au Recueil des Sociétés.*

Les affiches, prospectus, insertions dans les journaux, circulaires, doivent contenir les mêmes énonciations.

En cas d'omission totale ou partielle des indications prescrites par le présent article, la durée de la responsabilité civile ou pénale qui en résulte est limitée à une année, à partir de la publication de l'acte constitutif faite conformément à la présente loi.

ART. 5

Les actions ne sont négociables qu'après la constitution définitive de la Société.

Elles sont nominatives jusqu'à leur ancienne libération.

Toute action libérée peut être convertie en action au porteur, si les statuts autorisent la conversion, et en se conformant aux conditions qu'ils établissent.

(L'article 2 disait : les actions ou coupons d'actions sont négociables après le versement du quart.)

ART. 6

Les souscripteurs et les cessionnaires intermédiaires sont responsables, avec les titulaires, du montant de l'action.

Le souscripteur et les cessionnaires ne peuvent être appelés isolément ou concurremment que dans l'instance engagée contre le titulaire, en payement des versements non effectués.

Tout souscripteur ou actionnaire qui a cédé son titre n'est plus responsable, deux ans après le transfert, des versements non effectués.

(L'article 3 est remplacé par cet article 6.)

ART. 7

Les apports en nature peuvent être représentés par des actions libérées, soit en totalité, soit en partie.

Dans ce dernier cas les apports peuvent, en vertu des statuts, servir à la libération partielle des actions et être imputés soit sur le versement du premier quart, soit sur les versements ultérieurs.

ART. 8

Les avantages consentis aux fondateurs peuvent être représentés par des titres cessibles ou négociables.

ART. 9

Une assemblée générale est convoquée à la diligence des fondateurs postérieurement à l'acte qui constate la souscription du capital social et le versement du quart de ce capital.

Cette assemblée vérifie la sincérité de cet acte.

Si la demande en est faite par le quart des actionnaires présents, la sincérité de la déclaration du fondateur est soumise à l'appréciation d'un ou de trois experts nommés par le président du tribunal de commerce.

Le rapport de ces experts est imprimé et distribué à chaque actionnaire, dix jours au moins avant la réunion qui doit statuer.

ART. 10

Lorsqu'un associé fait un apport qui ne consiste pas en espèces, ou stipule à son profit des avantages particuliers, la première assemblée générale nomme des commissaires à l'effet d'apprécier la valeur de l'apport ou la cause des avantages stipulés. La Société ne peut être définitivement constituée qu'après l'approbation de l'apport ou des avantages donnée par une autre assemblée générale après une nouvelle convocation.

(Article 4, paragraphe 1 et 2.)

Art. 11

La seconde assemblée générale ne peut statuer sur l'approbation de l'apport ou des avantages qu'après un rapport fait par les commissaires nommés dans la première assemblée. Ce rapport est imprimé et tenu à la disposition des actionnaires cinq jours au moins avant la réunion de cette assemblée.

Si la demande en est faite par le quart des actionnaires présents à la seconde assemblée, ce rapport est soumis à l'appréciation d'un ou de trois experts nommés par le président du tribunal de commerce du siège de la Société.

Leur rapport est imprimé et distribué à chaque actionnaire dix jours au moins avant la réunion de l'assemblée qui doit statuer.

L'assemblée générale peut accepter une réduction sur la valeur des apports ou sur les avantages particuliers si les statuts l'y autorisent.

Les associés qui ont fait l'apport ou stipulé des avantages particuliers soumis à l'appréciation de l'assemblée, n'ont pas voix délibérative.

(Ce dernier paragraphe et le premier appartiennent à l'article 4.)

Art. 12

A défaut d'approbation, la Société reste sans effet à l'égard de toutes les parties.

L'approbation ne fait pas obstacle à l'exercice ultérieur de l'action qui peut être intentée pour cause de dol ou de fraude.

Sur la demande d'actionnaires représentant le vingtième au moins du capital social, ceux des associés qui ont fait des apports en nature peuvent, pendant trois ans à partir de la constitution de la Société, même quand ils ont cédé leurs titres, être condamnés à des dommages-intérêts envers elle, s'il est établi que la valeur des apports n'atteignait pas la moitié de leur évaluation. Cette action ne peut pas être exercée par les créanciers sociaux.

(Les deux premiers paragraphes appartiennent à l'article 4.)

ART. 13

Les dispositions des articles 10, 11 et 12, paragraphe 1, ne sont pas applicables au cas où la Société à laquelle sont faits les apports en nature est formée entre ceux seulement qui en étaient propriétaires par indivis.

Toutefois, les cessionnaires peuvent exercer contre eux les actions prévues à l'article 12, paragraphes 2 et 3, dans les conditions qui y sont déterminées.

(Le premier paragraphe est reproduit de l'article 4 sauf des modifications de forme.)

ART. 14

Les sociétés anonymes sont administrées par un ou plusieurs mandataires à temps, révocables, salariés ou gratuits, pris parmi les associés.

Ces mandataires peuvent choisir parmi eux un directeur, ou, si les statuts le permettent, se substituer un mandataire étranger à la Société et dont ils sont responsables envers elle.

(Article 22 de la loi de 1867.)

Art. 15

L'assemblée générale convoquée conformément à l'article 9 nomme les administrateurs, et pour la première année les commissaires.

Ces administrateurs ne peuvent être nommés pour plus de six ans : ils sont rééligibles, sauf stipulation contraire.

Toutefois, ils peuvent être désignés par les statuts, avec stipulation formelle que leur nomination ne sera point soumise à l'approbation de l'assemblée générale. En ce cas, ils peuvent être nommés pour plus de trois ans.

Le procès-verbal de la séance constate l'acceptation des administrateurs et commissaires présents à la réunion.

(Article 25 sauf quelques modifications de forme. Le dernier paragraphe a été reporté à l'article suivant.)

Art. 16

La Société est constituée à partir de l'acceptation des administrateurs ou des commissaires *sous la réserve suivante :*

Les commissaires doivent, immédiatement après leur nomination, vérifier si toutes les dispositions contenues dans les articles qui précèdent ont été observées ; s'ils constatent l'inobservation d'une ou de plusieurs de ces dispositions, ils doivent, avant qu'aucune opération sociale ait été commencée, mettre les administrateurs en demeure de s'y conformer et de convoquer à bref délai la réunion d'une assemblée générale, à laquelle il sera rendu compte et demandé une approbation nouvelle : dans ce cas, la Société n'est définitivement constituée qu'après cette approbation.

Art. 17

Les administrateurs doivent être propriétaires d'un nombre d'actions déterminé par les statuts.

Ces actions sont affectées en totalité à la garantie de tous les actes de la gestion, même de ceux qui seraient exclusivement personnels à l'un des administrateurs.

Elles sont nominatives, inaliénables, frappées d'un timbre indiquant l'inaliénabilité et déposées dans la caisse sociale.

(Article 26.)

Art. 18

Il est tenu, chaque année au moins, une assemblée générale à l'époque fixée par les statuts. Les statuts déterminent le nombre d'actions qu'il est nécessaire de posséder soit à titre de propriétaire, soit à titre de mandataire, pour être admis dans l'assemblée, et le nombre de voix appartenant à chaque actionnaire, eu égard au nombre d'actions dont il est porteur.

Néanmoins, dans les assemblées générales appelées à vérifier les apports, à nommer les premiers administrateurs et à vérifier la sincérité de la déclaration des fondateurs prescrite par l'article 3, tout actionnaire, quel que soit le nombre des actions dont il est porteur, peut prendre part aux délibérations avec le nombre de voix déterminé par les statuts, sans qu'il puisse être supérieur à dix.

(Article 27.)

Art. 19

Dans toutes les assemblées générales, les délibérations sont prises à la majorité des voix.

Il est tenu une feuille de présence ; elle contient les noms et domicile des actionnaires et le nombre d'actions dont chacun d'eux est porteur.

Cette feuille, certifiée par le bureau de l'assemblée, est déposée au siège social et doit être communiquée à tout requérant.

(Article 28.)

ART. 20

Les assemblées générales, qui [ont à délibérer dans des cas autres que ceux qui sont prévus par les deux articles qui suivent, doivent être composées d'un nombre d'actionnaires représentant le quart au moins du capital social.

Si l'assemblée générale ne réunit pas ce nombre, une nouvelle assemblée est convoquée dans les formes et avec les délais prescrits par les statuts, et elle délibère valablement, quelle que soit la valeur du capital représenté par les actionnaires présents.

(Article 29.)

ART. 21

Les assemblées qui ont à délibérer sur la vérification des apports en nature, sur la nomination des premiers administrateurs, sur la sincérité de la déclaration faite par les fondateurs, doivent être composées d'un nombre d'actionnaires représentant la moitié au moins du capital social.

Le capital social, dont la moitié doit être représentée pour la vérification[desdits apports, se compose seulement des apports non soumis à cette vérification.

Si l'assemblée générale ne réunit pas un nombre d'actionnaires représentant la moitié du capital social, elle ne peut prendre qu'une délibération provisoire. Dans ce cas, une nouvelle assemblée générale est convoquée. Deux avis publiés à huit jours d'intervalle, au moins un mois à l'avance, dans *le Recueil des Sociétés*, font connaître aux actionnaires les résolutions provisoires adoptées par la première assemblée, et ces résolutions deviennent définitives si elles sont approuvées par la nouvelle assemblée, composée d'un nombre d'actionnaires représentant le cinquième au moins du capital social.

(Article 30, modifié en ce qui regarde le *Recueil des sociétés*.)

ART. 22

Les dispositions des paragraphes 1 et 3 de l'article précédent sont applicables aux assemblées qui ont à délibérer sur les modifications qu'elles ont droit d'apporter aux statuts.

ART. 23

Sauf dispositions contraires, expressément insérées dans les statuts, l'assemblée générale ne peut :
1° Augmenter ou diminuer le chiffre du capital social;
2° Prolonger ou réduire la durée de la Société ;
3° Changer la quotité de la perte qui rend la dissolution obligatoire ;
4° Décider la fusion avec une autre Société ;
5° Modifier le partage des bénéfices.
Dans aucun cas, l'assemblée générale ne peut changer l'objet essentiel de la Société.

ART. 24

L'assemblée générale annuelle désigne un ou plusieurs commissaires, associés ou non, chargés de faire un rapport à l'assemblée générale de l'année suivante sur la situation de la Société, sur le bilan et sur les comptes présentés par les administrateurs.

La délibération contenant approbation du bilan et des comptes est nulle, si elle n'a été précédée du rapport des commissaires.

A défaut de nomination des commissaires par l'assemblée générale, ou en cas d'empêchement ou de refus d'un ou de plusieurs des commissaires nommés, il est procédé à leur nomination ou à leur remplacement par ordonnance du président du tribunal de commerce du siège de la Société, à la requête de tout intéressé, les administrateurs dûment appelés.

(Article 32.)

Art. 25

Pendant le trimestre qui précède l'époque fixée par les statuts pour la réunion de l'assemblée générale, les commissaires ont droit, toutes les fois qu'ils le jugent convenable, dans l'intérêt social, de prendre communication des livres et d'examiner les opérations de la Société.

Ils peuvent toujours, en cas d'urgence, convoquer l'assemblée générale.

(Article 33 avec l'adjonction du dernier paragraphe.)

Art. 26

Toute société anonyme doit dresser, chaque semestre, un état sommaire de sa situation active et passive.

Cet état est mis à la disposition des commissaires.

Il est, en outre, établi chaque année, conformément à l'article 9 du Code de commerce, un inventaire contenant l'indication des valeurs mobilières et immobilières et de toutes les dettes actives et passives de la Société.

L'inventaire, le bilan et le compte des profits et pertes sont mis à la disposition des commissaires *un mois* au plus tard avant l'assemblée générale. Ils sont présentés à cette assemblée.

(Article 34 avec une légère modification ; la loi de 1867 disait : le quarantième jour.)

Art. 27

Quinze jours au moins avant la réunion de l'assemblée générale, tout actionnaire peut prendre, au siège social, communication de l'inventaire et de la liste des actionnaires et se faire délivrer copie du bilan résumant l'inventaire, et du rapport des commissaires.

Le rapport des administrateurs doit être déposé au siège social, trois jours avant l'assemblée générale, et chaque actionnaire peut en prendre communication.

(Le premier paragraphe reproduit l'article 35.)

Art. 26

Il est fait annuellement, sur les bénéfices nets, un prélèvement d'un vingtième au moins, affecté à la formation d'un fonds de réserve.

Ce prélèvement cesse d'être obligatoire lorsque le fonds de réserve a atteint le dixième du capital social.

(Article 36.)

Art. 29

Les statuts peuvent déclarer que des intérêts seront payés aux actionnaires, même en l'absence de bénéfices, sous les conditions suivantes :

1° Que le taux de ces intérêts ne puisse pas dépasser 5 pour 100 des sommes versées ;

2° Que ce prélèvement ne puisse avoir lieu que pendant la période de premier établissement dont le terme est fixé par les statuts sans pouvoir être dépassé ;

3° Que cette clause des statuts soit rendue publique.

Aucune répétition d'intérêts ne peut être exercée que s'il a été contrevenu aux dispositions qui précèdent.

L'action en répétition, dans le cas où elle est ouverte,

se prescrit par cinq ans, à compter du jour fixé pour le payement des intérêts.

ART. 30.

Aucune répétition de dividendes ne peut être exercée contre les actionnaires, si ce n'est dans le cas où la distribution aura été faite en l'absence de tout inventaire, ou en dehors des résultats constatés par l'inventaire.

L'action en répétion, dans le cas où elle est ouverte, se prescrit par cinq ans à partir du jour fixé pour la distribution des dividendes.

(3e et 4e paragraphe de l'article 10.)

ART. 31

Dans le cas où les sociétés ont continué à payer les intérêts ou dividendes des actions, obligations, ou tous autres titres remboursables par suite d'un tirage au sort, elles ne peuvent répéter ces sommes lorsque le titre est présenté au remboursement.

ART. 32

Les formalités et conditions prévues pour la constitution de la Société sont applicables à toute augmentation du capital social.

ART. 33

Il est interdit aux sociétés d'acheter leurs propres actions, sauf dans les cas suivants :

1° Lorsque ce rachat porte sur des actions libérées, et se fait avec l'autorisation de l'assemblée générale, au moyen de bénéfices ou réserves en dehors de la réserve statutaire ;

2° *Lorsqu'il est fait pour un amortissement prévu par les statuts ;*

3° *Lorsque le rachat se faisant avec une portion du capital social, toutes les conditions et formalités prescrites pour la réduction de ce capital ont été remplies.*

Les titres d'actions achetés par une société dans les deux derniers cas ci-dessus doivent être annulés.

La nullité des achats faits contrairement aux dispositions du présent article ne peut être prononcée qu'autant que le vendeur a été de mauvaise foi.

Art. 34

Les actions achetées par une société qui ne doivent pas être annulées, peuvent être représentées à l'assemblée générale des actionnaires et comptées dans la composition de la majorité nécessaire ; mais il n'y est pas attaché de droit de vote, sauf les cas de liquidation de la société ou de réduction du capital social.

Art. 35

Les administrateurs qui, hors des cas prévus par l'article 33, ont fait ou autorisé les achats, sont dans tous les cas responsables envers la société des conséquences de cette opération.

Art. 36

Il est interdit aux administrateurs de prendre ou de conserver un intérêt direct ou indirect dans une entreprise ou dans un marché fait avec la Société ou pour son compte, à moins qu'ils n'y soient autorisés par l'assemblée générale.

Il est, chaque année, rendu à l'assemblée générale un compte spécial de l'exécution des marchés ou entreprises par elle autorisés au terme du paragraphe précédent.

(Article 40.)

Art. 37

Les administrateurs sont responsables, conformément aux règles du droit commun, individuellement ou solidairement suivant le cas, envers la Société ou envers les tiers, soit des infractions aux dispositions de la présente loi, soit des fautes qu'ils auraient commises dans leur gestion, notamment en distribuant ou en laissant distribuer sans opposition des dividendes fictifs.

(Article 44.)

Art. 38

Des actionnaires représentant le vingtième au moins du capital social peuvent, dans un intérêt commun, charger à leurs frais un ou plusieurs mandataires de soutenir collectivement, tant en demandant qu'en défendant une action contre les administrateurs ou les commissaires, et de les représenter, en ce cas, en justice, sans préjudice de l'action que chaque actionnaire peut intenter individuellement en son nom personnel.

(Article 17.)

Art. 39

En cas de perte des trois quarts du capital social, les administrateurs sont tenus de provoquer la réunion de l'assemblée générale de tous les actionnaires à l'effet de statuer sur la question de savoir s'il y a lieu de prononcer la dissolution de la Société.

La résolution de l'Assemblée est dans tous les cas rendue publique.

A défaut par les administrateurs de réunir l'assemblée générale, comme dans le cas où cette assemblée n'aurait pu se constituer régulièrement, tout intéressé peut demander la dissolution devant les tribunaux.

(Article 37.)

ART. 40

La dissolution peut être prononcée sur la demande de toute partie intéressée, lorsqu'un an s'est écoulé depuis l'époque où le nombre des associés est réduit à moins de sept.

(Article 38.)

ART. 41

Est nulle et de nul effet à l'égard des intéressés toute Société constituée contrairement aux dispositions des articles 2, 3, 5, 9, 10, 11, 14, 15.

Sont également nuls tous actes et délibérations ayant pour objet l'augmentation du capital social, effectués contrairement à l'article 32.

Ces nullités ne peuvent être opposées aux tiers par les associés.

(Ancien article 41 modifié.)

ART. 42

Lorsque la nullité de la Société a été prononcée en vertu des dispositions de la présente loi, les fondateurs auxquels elle est imputable sont solidairement responsables, à l'égard des tiers ou des actionnaires, du dommage résultant de cette annulation.

La même responsabilité solidaire peut être appliquée contre les administrateurs en fonctions au moment où la nullité a été encourue, et contre ceux des associés dont les apports ou les avantages n'ont pas été vérifiés et approuvés conformément aux articles 10 et 4.

(Ancien article 42 profondément modifié.)

ART. 43

Lors même que la nullité est prononcée dans les cas prévus par la présente loi, les créanciers sociaux restent pré-

*férables aux créanciers personnels des associés ; toutefois
ce droit de préférence ne peut s'appliquer aux versements
à faire par les actionnaires sur le montant de leurs actions.*

ART. 44

*L'action en nullité et l'action en responsabilité qui ré-
sulte de cette nullité ne sont plus recevables, trois ans après
la constitution de la Société, lorsqu'avant l'introduction
de la demande, la cause de la nullité a cessé d'exister.*

*Lorsque les causes de nullité des actes ou délibérations
sont postérieures à la constitution de la Société, les actions
ne sont plus recevables trois ans après le jour où la nullité
a été encourue.*

ART. 45

*Dans le cas de mise en vente publique d'actions non or-
donnée par justice, les affiches, prospectus, insertions dans
les journaux, circulaires, ainsi que les bulletins de souscription ou d'achat doivent contenir les énonciations
prévues en l'article 4, et, en outre, la date de l'assemblée
constitutive de la Société et le montant par action de la
somme restant à verser.*

*Les dispositions du dernier paragraphe de l'article 4 sont
également applicables dans ce cas.*

ART. 46

Les Sociétés anonymes autorisées actuellement existantes continuent à être soumises, pendant toute leur durée,
aux dispositions qui les régissent.

Elles peuvent se transformer en Sociétés anonymes dans
les termes de la présente loi, en obtenant l'autorisation du
Gouvernement et en observant les formes prescrites pour
la modification de leurs statuts.

Les Sociétés à responsabilité limitée et les Sociétés anonymes constituées conformément à la loi du 24 juillet 1867, peuvent se convertir en Sociétés anonymes dans les termes de la présente loi, en se conformant aux conditions stipulées pour la modification de leurs statuts.

(Article 46 et 47.)

TITRE II

DES SOCIÉTÉS EN COMMANDITE PAR ACTIONS

ART. 47

Les dispositions du titre précédent sont applicables aux Sociétés en commandite par actions, sous les exceptions et modifications qui suivent.

ART. 48

La déclaration imposée aux fondateurs de la Société anonyme par l'article 3, est faite par le gérant. Elle est soumise avec les pièces à l'appui, à la première assemblée générale, qui en vérifie la sincérité.

(Conforme à l'article 3.)

ART. 49

Un conseil de surveillance composé de trois actionnaires au moins est établi dans chaque Société en commandite par actions.

Ce conseil est nommé par l'assemblée générale des actionnaires immédiatement avant toute opération sociale.

Il est soumis à la réelection aux époques et suivant les conditions déterminées par les statuts.

Toutefois, le premier conseil n'est nommé que pour une année.

La Société est constituée à partir de l'acceptation des membres désignés pour faire partie du conseil de surveillance.

Ce premier conseil doit, immédiatement après sa nomination, vérifier si toutes les dispositions de la loi ont été observées, *et procéder comme il est dit à l'article* 16.

(Articles 5 et 6.)

Art. 50

Les membres du conseil de surveillance n'encourent aucune responsabilité en raison des actes de la gestion et de leurs résultats.

Chaque membre du conseil de surveillance est responsable de ses fautes personnelles, dans l'exécution de son mandat, conformément aux règles du droit commun. Les *membres du conseil de surveillance ne sont pas civilement responsables des délits commis par le gérant.*

Art. 51

Les membres du conseil de surveillance vérifient les livres, la caisse, le portefeuille et les valeurs de la Société.

Le conseil fait chaque année à l'assemblée générale un rapport dans lequel il doit signaler les irrégularités et inexactitudes qu'il a reconnues dans les inventaires, et constater, s'il y a lieu, les motifs qui s'opposent aux distributions des dividendes proposés par le gérant.

Le conseil peut convoquer l'assemblée générale et, conformément à son avis, provoquer la dissolution de la Société.

(Articles 10 et 11.)

Art. 52

Quinze jours au moins avant la réunion de l'assemblée générale, tout actionnaire peut prendre par lui on par un fondé de pouvoir, au siège social, communication du bilan, des inventaires et du rapport du conseil de surveillance.

(Article 12.)

Art. 53

Est nulle et de nul effet, à l'égard des intéressés, toute Société en commandite par actions constituée contrairement aux prescriptions des acticles 3, 5, 9, 10, 11, 48 et 49 de la présente loi.

Cette nullité ne peut être opposée aux tiers par les associés.

(Conforme cependant à l'article 7.)

Art. 54

Lorsque la Société est annulée, aux termes de l'article précédent, les membres du premier conseil de surveillance peuvent être déclarés responsables, avec le gérant, du dommage résultant pour la Société ou pour les tiers de l'annulation de la Société.

La même responsabilité peut être prononcée contre ceux des associés dont les apports ou les avantages n'auraient pas été vérifiés et approuvés conformément aux articles 10 et 11 ci-dessus.

(Article 8.)

Art. 55

Les dispositions des articles 2, 24, 25, 26, 27, 28, 39 et 40 ne s'appliquent pas aux Sociétés en commandite par actions.

TITRE III

DISPOSITIONS PARTICULIÈRES AUX SOCIÉTÉS
A CAPITAL VARIABLE

ART. 56

Il peut être stipulé dans les statuts de toute Société que le capital social sera susceptible d'augmentation par des versements successifs faits par les associés ou l'admission d'associés nouveaux, et de diminution par la reprise totale ou partielle des apports effectués.

Les Sociétés dont les statuts contiendront la stipulation ci-dessus seront soumises, indépendamment des règles générales qui leur sont propres suivant leur forme spéciale, aux dispositions des articles suivants.

(Articles 48 à 54 de la loi de 1867 sans modifications.)

ART. 57

Le capital ne peut être porté par les statuts constitutifs de la Société au-dessus de la somme de deux cent mille francs.

Il peut être augmenté par des délibérations de l'assemblée générale, prises d'année en année ; chacune des augmentations ne peut être supérieure à deux cent mille francs.

ART. 58

Les actions ou coupons d'actions sont nominatifs, même après leur entière libération ; ils ne peuvent être inférieurs à cinquante francs.

Ils ne sont négociables qu'après la constitution définitive de la Société.

La négociation ne peut avoir lieu que par voie de transfert sur les registres de la Société, et les statuts peuvent donner, soit au conseil d'administration, soit à l'assemblée générale, le droit de s'opposer au transfert.

ART. 59

Les Statuts déterminent une somme au-dessous de laquelle le capital ne peut être réduit par les reprises des apports autorisés par l'article 56.

Cette somme ne peut être inférieure au dixième du capital social.

La Société n'est définitivement constituée qu'après le versement du dixième.

ART. 60

Chaque associé peut se retirer de la Société lorsqu'il le juge convenable, à moins de conventions contraires et sauf l'application du paragraphe 1er de l'article précédent.

Il peut être stipulé que l'assemblée générale aura le droit de décider, à la majorité fixée pour la modification des statuts, que l'un ou plusieurs des associés cesseront de faire partie de la Société.

L'associé qui cesse de faire partie de la Société, soit par l'effet de sa volonté, soit par suite de décision de l'assemblée générale, reste tenu pendant cinq ans, envers les associés et envers les tiers, de toutes les obligations existant au moment de sa retraite.

ART. 61

La Société, quelle que soit sa forme, est valablement représentée en justice par ses administrateurs.

Art. 62

La Société n'est po:nt dissoute par la mort, la retraite, l'interdiction, la faillite ou la déconfiture de l'un des associés ; elle continue de plein droit entre les autres associés.

TITRE IV

DISPOSITIONS RELATIVES A LA PUBLICITÉ

Art. 63

Il est créé un Recueil officiel pour la publication des actes et délibérations des Sociétés dont le capital est divisé en actions.

Un règlement d'administration publique déterminera les formes et les conditions d'existence de ce Recueil et le jour à partir duquel les insertions y seront obligatoires.

Art. 64

Quand la Société se constitue au moyen de souscription publique, le projet d'acte de Société doit être publié dans ce Recueil dix jours au moins avant l'ouverture de la souscription.

Art. 65

Dans le mois de la constitution de toute Société commerciale, un double de l'acte constitutif, s'il est sous seing privé, ou une expédition, s'il est notarié, est déposé aux greffes de la justice de paix et du tribunal de commerce au lieu dans lequel est établie la Société.

A l'acte constitutif des Sociétés anonymes et des Sociétés en commandite par actions sont annexées :

1° Une expédition de l'acte notarié constatant la souscription du capital social et le versement du quart ;

2° Une copie certifiée du procès-verbal des délibérations prises par l'assemblée générale dans les cas prévus dans les articles 5, 10, 11 et 32 ;

3° La liste nominative, dûment certifiée, des souscripteurs contenant les noms, prénoms, qualités, demeure et le nombre d'actions de chacun d'eux.

(Article 55 avec les changements de forme obligatoires.)

ART. 66

Dans le même délai d'un mois, un extrait de l'acte constitutif et des pièces annexées est publié dans l'un des journaux *du département où peuvent être insérées les annonces légales et dans le Recueil officiel* (si le capital de la Société est divisé en actions).

Il est justifié de l'insertion par un exemplaire du journal certifié par l'imprimeur, légalisé par le maire, et enregistré dans les trois mois de sa date.

Les formalités prescrites par les deux articles précédents et par le présent article sont observées à peine de nullité, à l'égard des intéressés ; mais le défaut d'aucune d'elles ne peut être opposé au tiers par les associés.

Les dispositions de l'article 44 de la présente loi s'appliquent à ces nullités.

(Conforme à l'article 56.)

ART. 67

L'extrait doit contenir les noms des associés autres que les actionnaires ou commanditaires ; la raison de com-

merce ou la dénomination adoptée par la Société et l'indication du siège social ; la désignation des associés autorisés
à gérer, administrer et signer pour la Société ; le montant
du capital social et le montant des valeurs fournies ou à
fournir par les associés, actionnaires ou commanditaires ;
l'époque où la Société commence, celle où elle doit finir,
la date du dépôt fait aux greffes de la justice de paix et du
tribunal de commerce, *et, s'il y a lieu, la clause des statuts prévue à l'article* 29.

(Article 57.)

ART. 68

L'extrait doit énoncer que la Société est en nom collec
tif, ou en commandite simple, ou en commandite par actions, ou anonyme, ou à capital variable.

Si la Société est anonyme, l'extrait doit énoncer le montant du capital social en numéraire et en autres objets, la
quotité à prélever sur les bénéfices pour composer le fond
de réserve.

Si la Société est à capital variable, l'extrait doit contenir l'indication de la somme au-dessous de laquelle le
capital social ne peut être réduit.

(Article 58.)

ART. 69

Si la Société a plusieurs maisons de commerce situées
dans divers arrondissements, le dépôt prescrit par l'article 65 et la publicité prescrite par l'article 66 ont lieu
dans chacun des arrondissements où existent les maisons
de commerce.

Dans les villes divisées en plusieurs arrondissements, le
dépôt est fait seulement au greffe de la justice de paix du
principal établissement.

(Article 59.)

Art. 70

L'extrait des actes et pièces déposés est signé, pour les actes publics, par le notaire, et, pour les actes sous seing privé, par les associés en nom collectif, par les administrateurs des Sociétés anonymes, ou par les gérants des Sociétés en commandite.

(Article 60.)

Art. 71

Sont soumis aux formalités prescrites par les articles 65 et 66 :

Tous actes et délibérations ayant pour objet la modification des statuts, la continuation de la Société au delà du terme fixé pour sa durée, la dissolution avant ce terme et le mode de liquidation, tout changement ou retraite d'associé et tout changement à la raison sociale.

Sont également soumises aux dispositions des articles 65 et 66 les délibérations prises dans les cas prévus par les articles 39, 46 et 57 ci-dessus.

(Article 61.)

Art. 72

Ne sont pas assujettis aux formalités de dépôt et de publication les actes constatant les augmentations ou les diminutions du capital social opérées dans les termes de l'article 46, ou les retraites d'associés autres que les gérants ou administrateurs, qui auraient lieu conformément à l'article 60.

(Article 62.)

Art. 73

Toute personne a le droit de prendre communication des pièces déposées aux greffes de la justice de paix et du tribunal de commerce, ou même de s'en faire délivrer à ses frais expédition ou extrait par le greffier ou par le notaire détenteur de la minute.

Lorsqu'il s'agit d'une Société anonyme ou en commandite par actions, toute personne peut exiger qu'il lui soit délivré au siège de la Société une copie certifiée des statuts, moyennant payement d'une somme qui ne peut excéder 1 franc.

(Article 63, avec cette différence que le premier paragraphe ne s'applique qu'aux Sociétés par actions. L'affichage dans les bureaux de la Société est supprimé.)

ART. 74

Dans tous les actes, factures, annonces, publications et autres documents, imprimés ou autographiés, la dénomination sociale doit toujours être précédée ou suivie immédiatement de ces mots, écrits lisiblement en toutes lettres : *Société anonyme*, ou *Société en commandite par actions*.

Si ces actes, factures, annonces, publications et autres documents portent l'énonciation du capital social, ils doivent indiquer la partie du capital restant à verser.

Si la Société est à capital variable, cette circonstance doit être mentionnée par l'addition de ces mots: *à capital variable*.

Les titres d'actions provisoires ou définitifs doivent porter l'indication sommaire de :

1° *L'objet et la durée de la Société ;*

2° *La date de l'acte constitutif de la Socité et de sa publication au Recueil officiel ;*

3° *Le nombre d'actions et leur valeur nominale ;*

4° *La partie du capital social représentée par les apports en nature.*

(Article 64.)

TITRE V

DISPOSITIONS RELATIVES AUX OBLIGATIONS

Art. 75

Les Sociétés ne peuvent émettre d'obligations rembour-sables par voie de tirage au sort à un taux supérieur au prix d'émission qu'à la condition que ces obligations rap-portent 3 pour 100 d'intérêt au moins et que toutes soient remboursables par la même somme, à peine de nullité.

Art. 76

Avant toute émission d'obligations, les administrateurs ou les gérants doivent publier dans le Recueil officiel un avis énonçant :

1° L'objet de la Société ;

2° La date de l'acte de Société et celle de la publication au Recueil officiel, soit de l'extrait de cet acte, soit des modifications apportées aux statuts ;

3° Le montant des obligations déjà émises par la Société ;

4° Le nombre et la valeur nominale des obligations à émettre, l'intérêt à payer pour chacunes d'elles, l'époque et les conditions du remboursement ;

5° Le dernier bilan et, s'il n'en a pas été dressé encore, la situation de la Société.

Dans les cas, soit d'émission, soit de mise en vente pu-blique d'obligations, non ordonnée par justice, les affiches-

prospectus, insertions dans les journaux, circulaires, ainsi que les bulletins de souscription ou d'achat, doivent contenir les mêmes énonciations, à l'exception de celle mentionnée sous le numéro 5.

Ces énonciations doivent être reproduites sur les titres d'obligations provisoires ou définitifs.

ART. 77

Les porteurs d'obligations ont la faculté de se réunir en quelque nombre que ce soit et de nommer des mandataires chargés de représenter ceux qui se sont ainsi réunis ou quelques-uns d'entre eux.

ART. 78

Les porteurs d'obligations, formant le vingtième au moins du capital représenté par chaque série d'obligations, peuvent aussi, dans un intérêt commun, charger, à leurs frais, un ou plusieurs mandataires de les représenter en justice, et de soutenir collectivement, tant en demandant qu'en défendant, toutes les actions qui peuvent les concerner comme créanciers.

ART. 79

Lorsque la convocation d'une assemblée générale des porteurs d'obligations a été une des conditions de l'emprunt, cette assemblée est convoquée à la diligence des administrateurs ou gérants de la Société, dans le mois qui suit soit le commencement de l'émission, soit la clôture de la souscription.

Elle désigne un ou plusieurs commissaires pris ou non parmi les porteurs d'obligations. A défaut de nomination de commissaires par l'assemblée, ou en cas de refus d'un ou

plusieurs des commissaires nommés, il est procédé à leur no-
mination ou à leur remplacement par ordonnance du prési-
dent du tribunal de commerce du siège de la Société, à la
requête de tout interessé. Les pouvoirs des commissaires
durent jusqu'à ce qu'ils aient été remplacés ou réélus dans
une assemblée ultérieure.

ART. 80

Les commissaires ne peuvent s'immiscer dans la gestion
des affaires sociales; ils ont droit aux mêmes communica-
tions, délivrance de pièces ou de copies, que les actionnaires
et aux mêmes époques : ils peuvent assister à toutes les
assemblées générales quelconques des actionnaires, sans par-
ticiper ni aux discussions ni aux votes.

ART. 81

Ils peuvent demander aux administrateurs ou gérants
de la Société de convoquer l'assemblée des porteurs d'obli-
gations autant de fois qu'il y aura des assemblées générales
d'actionnaires et aux frais de la Société. Ils peuvent aussi
convoquer eux-mêmes les porteurs d'obligations hors des
cas ci-dessus prévus, mais aux frais de ceux d'entre eux qui
composent cette assemblée spéciale.

ART. 82

Au cas spécial où des sûretés particulières, comme des
privilèges ou hypothèques, ou d'autres causes légitimes de
préférence, doivent appartenir aux porteurs d'obligations
les commissaires ont qualité pour provoquer et consentir, au
nom de l'assemblée desdits porteurs, tous actes relatifs à
ces sûretés. Dans ce cas, la convocation de l'assemblée des
porteurs d'obligations par les administrateurs ou gérants est

obligatoire, quand bien même il n'en serait pas fait mention dans les conditions de l'emprunt.

ART. 83

Les commissaires peuvent et doivent surveiller l'emploi des fonds empruntés, si la destination des fonds a été indiquée lors de l'émission des obligations et si une sûreté particulière doit résulter de leur emploi.

ART. 84

Lorsqu'un emprunt à réaliser sous forme d'obligations devra avoir pour sûreté la concession d'une hypothèque, la délibération ou l'acte autorisant cette hypothèque sera constaté en la forme notariée. Les administrateurs ou gérants devront requérir dans les formes ordinaires une inscription éventuelle au profit de la masse des futurs porteurs d'obligations.

L'hypothèque ultérieurement constituée prendra rang du jour de cette inscription.

L'inscription devra être rendue définitive, à peine de péremption, dans le délai de six mois, par la mention en marge du nom des commissaires nommés conformément à l'article 82, et de la date de l'acte constitutif d'hypothèque.

ART. 85

L'assemblée des porteurs d'obligations, quand elle est rendue obligatoire, est précédée de deux avis, publiés à huit jours d'intervalle, dans le recueil officiel. Ces avis indiquent le lieu, la date, le but de la séance et le dernier délai pour le dépôt des titres avant l'assemblée.

Cette assemblée, pour délibérer valablement, doit réunir un nombre de porteurs d'obligations représentant le quart

du montant nominal de l'emprunt. Tout porteur d'obli-
gations peut y prendre part avec un nombre de voix égal
à celui des obligations dont il est porteur comme proprié-
taire ou mandataire, sans que ce nombre de voix puisse
être supérieur à vingt.

Si une première assemblée ne réunit pas un nombre suf-
fisant de porteurs d'obligations, une seconde assemblée
sera convoquée dans la forme prévue au paragraphe 1er.
Cette seconde assemblée pourra délibérer valablement,
quelle que soit la portion du capital de l'emprunt repré-
sentée par les obligataires présents.

ART. 86

Les dispositions du présent titre ne font pas obstacle à
l'exercice des actions individuelles appartenant à chaque
porteur.

TITRE VI

DES TONTINES, DES SOCIÉTÉS D'ASSURANCES
ET DES SOCIÉTÉS CIVILES

ART. 87

Les associations de la nature des tontines et les Sociétés
d'assurances sur la vie mutuelles ou à primes sont soumises
à l'autorisation et à la surveillance du Gouvernement.

Le mode d'exercice de la surveillance du Gouvernement
sera déterminé par un règlement d'administration publique.

Les Sociétés par action d'assurances sur la vie sont de
plus soumises aux dispositions de la présente loi.

ART. 88

Les autres sociétés d'assurances peuvent se former sans autorisation ; elles restent soumises au décret du 22 janvier 1868.

Les sociétés d'assurances qui existaient avant la loi du 24 juillet 1867, continuent à pouvoir se placer sous le régime du décret du 22 janvier 1868, sans l'autorisation du Gouvernement, en observant les formes et les conditions prescrites pour la modification de leurs statuts.

(Conforme à l'article 67.)

ART. 89.

Les sociétés civiles qui divisent leur capital en actions doivent se conformer aux prescriptions de la présente loi sous les mêmes sanctions civiles ou pénales.

TITRE VII

DES SOCIÉTÉS ÉTRANGÈRES

ART. 90

Les Sociétés étrangères par actions, constituées conformément aux lois de leur pays, peuvent exercer en France tous les droits accordés aux étrangers, lorsqu'un décret rendu dans la forme de règlement d'administration publique, a, par mesure générale, autorisé les Sociétés de ce pays à exercer tous leurs droits et à ester en justice en France.

ART. 91

Les associations étrangères de la nature des tontines et les compagnies d'assurances sur la vie mutuelles ou à primes sont soumises aux dispositions de l'article 87 de la présente loi. Un règlement d'administration publique déterminera le délai dans lequel ces associations, fonctionnant actuellement en France, devront se conformer aux dispositions qui précèdent.

ART. 92

Les actions des Sociétés étrangères ne peuvent être émises ou négociées en France qu'autant qu'elles ne sont pas de moins de 100 francs, quand le capital social n'excède pas 200.000 francs, ni de moins de 500 francs lorqu'il est supérieur.

En outre, aucune négociation de ces actions ne peut avoir lieu avant la souscription de la totalité du capital social, le versement par chaque actionnaire du quart du montant des actions par lui souscrites, et la constitution définitive de la Société.

ART. 93

Les obligations des Sociétés étrangères remboursables à un taux supérieur au prix d'émission ne peuvent être émises ou négociées en France qu'autant qu'elles répondent aux conditions fixées par l'article 75.

ART. 94

Les formalités de publicité des articles 63 et suivants doivent être remplies par lesdites sociétés, lorsqu'elles établissent en France une succursale.

Ces formalités sont observées à peine de nullité des opérations conclues en France; mais le défaut d'aucune d'elles ne peut être opposé aux tiers par les sociétés.

Tous les actes émanant de cette succursale doivent porter en tête la mention : « Société étrangère, » suivie de l'indication du lieu de constitution de la société et, en outre, les diverses énonciations prescrites par l'article 74, paragraphes 1, 2 et 3, de la présente loi.

ART. 95

Les formalités de publicité requises par les articles 4, 45, 64 et 76 de la présente loi sont applicables aux souscriptions et aux ventes publiques, non ordonnées par justice, d'actions et d'obligations de sociétés étrangères.

ART. 96

Les opérations faites illégalement en France par des sociétés étrangères sont nulles à l'égard des tiers : ces sociétés ne peuvent se prévaloir de cette nullité.

TITRE VIII

DISPOSITIONS PÉNALES

ART. 97

Est punie d'une amende de 500 à 10,000 francs et d'un emprisonnement d'un mois à deux ans toute fausse déclaration relative à la souscription du capital social primitif ou de ses augmentations, et à la réalité des versements,

*lorsqu'elle a eu pour conséquence la constitution défini-
tive de la société.*

(Voir l'article 13 de la loi de 1867).

ART. 98

Est punie d'une amende de 500 à 10,000 francs *et d'un
emprisonnement de quinze jours à six mois :*

1° L'émission, la délivrance ou la négociation d'actions
ou de coupons d'actions d'une Société constituée contrairement aux prescriptions des articles 3, 5 et 32 de la présente
loi.

*L'emprisonnement peut être élevée jusqu'à deux ans
lorsqu'il s'agit des actions ou coupons d'actions d'une
société dont le capital n'a pas été entièrement souscrit ou
dont les versements déclarés n'ont pas été effectués;*

2° *L'émission ou la négociation en France d'actions ou
d'obligations d'une société étrangère contraire aux dispositions de l'article 92.*

Sont punies de la même peine toute participation à ces
négociations et toute publication de la valeur desdites
actions.

(Articles 13 et 14.)

ART. 99

Sont punis d'une amende de 500 à 10,000 francs et d'un
emprisonnement de quinze jours à six mois :

1° Les administrateurs ou directeurs d'une société anonyme, le gérant d'une société en commandite, qui commencent les opérations sociales avant la constitution définitive
de la Société;

2° *Les représentants des Sociétés étrangères par actions
qui ont fait ou laissé faire en France des opérations sociales avant l'accomplissement des formalités de publicité
prescrites par l'article 94 de la présente loi;*

3° Ceux qui, en se présentant comme propriétaires d'actions ou de coupons d'actions qui ne leur appartiennent pas, ont créé une majorité factice dans une assemblée générale ;

4° Ceux qui ont remis les actions pour en faire un usage frauduleux.

(Articles 13 et 14.)

ART. 100

Sont punis des peines portées à l'article 405 du Code pénal :

1° *Ceux qui par des manœuvres frauduleuses ont cherché à faire croire à des apports qui n'existent pas ou à attribuer à des apports existants une valeur supérieure à leur valeur réelle;*

2° Ceux qui, par simulation de souscriptions ou de versements, ou par publication, faite de mauvaise foi, de souscriptions ou de versements qui n'existent pas ou de tous autres faits faux, ont obtenu ou tenté d'obtenir des souscriptions ou des versements ;

3° Ceux qui, pour provoquer des souscriptions ou des versements, ont, de mauvaise foi, publié le nom de personnes désignées contrairement à la vérité comme étant ou devant être attachées à la société à un titre quelconque ;

4° Les administrateurs ou gérants qui, en l'absence d'inventaires ou au moyen d'inventaires frauduleux, ont opéré entre les actionnaires la répartition de dividendes fictifs ou *payé sciemment des intérêts après la période de premier établissement fixée par l'article 29;*

5° *Les commissaires ou les membres d'un conseil de surveillance qui, dans l'accomplissement d'un mandat conféré par la loi, par les statuts ou par l'assemblée générale, ont constaté sciemment comme vrais des faits faux, ou fait de mauvaise foi des rapports inexacts.*

Dans ces divers cas, toutefois, l'amende peut être élevée jusqu'à 10,000 *francs.*

(Article 15.)

ART. 101

Sont punis d'une amende de 500 *à* 10,000 *francs et d'un emprisonnement de quinze jours à un an les administrateurs, directeurs et les gérants qui, en cette qualité, ont :*

1° *Contrevenu aux dispositions des statuts interdisant certains genres d'opérations;*

2° *Fait des achats d'actions de leur société contrairement aux dispositions de la présente loi;*

3° *Revendu ou fait revendre des actions régulièrement achetées et qui auraient dû être annulées.*

ART. 102

Sont passibles des peines édictées en l'article 402 *du Code pénal les administrateurs ou directeurs d'une société anonyme qui, en cette qualité, se sont rendus coupables des faits prévus aux articles* 585, *paragraphes* 2, 3 *et* 4; 586, *paragraphes* 3, 4, 5 *et* 6; *et* 592 *du Code de commerce.*

ART. 103

Toute infraction aux dispositions de l'article 75 *est punie des peines portées à l'article* 410 *paragraphe* 1er *du Code pénal.*

Sont punis des mêmes peines ceux qui par des annonces, affiches ou tout autre moyen de publicité, ont fait connaître l'émission faite contrairement à ces dispositions.

ART. 104

Est punie d'une amende de 500 *à* 10,000 *fr. toute infraction aux dispositions de la présente loi, relative à la publicité qui doit précéder les souscriptions, émissions et ventes publiques d'actions et d'obligations d'une société par actions française ou étrangère.*

Toute énonciation ou dissimulation frauduleuse dans les actes de publication donne lieu aux peines édictées par l'article 405 du Code pénal.

ART. 105

Est punie d'une amende de 50 à 1,000 fr. toute contravention aux dispositions des articles 74, 76, dernier alinéa, et 94, paragraphe 3, de la présente loi.

Toute énonciation ou dissimulation frauduleuse donne lieu à une peine d'emprisonnement d'un mois à un an.

ART. 106

Dans tous les cas où la présente loi prononce la peine de l'emprisonnement, le tribunal peut, en outre, déclarer le condamné incapable d'exercer les fonctions de juge au tribunal de commerce ou de membre d'une chambre de commerce ou d'une chambre consultative des arts et manufactures, pendant un délai qui ne peut excéder cinq années.

ART. 107

Dans tous les cas où des condamnations sont prononcées en vertu des dispositions de la présente loi, l'article 463 du Code pénal est applicable.

(Article 16.)

TITRE IX

DISPOSITIONS GÉNÉRALES

ART. 108

Sont ou demeurent abrogés :

1° Les articles 31, 37, 40, 42, 43, 44, 45, 46 du Code de commerce ;

2° La loi du 7 juillet 1856 ;

3° La loi du 30 mai 1875 ;

4° La loi du 23 mai 1863 ;

5° *La loi du 24 juillet 1867 sur les sociétés.*

Fait à Paris, le six décembre mil huit cent quatre-vingt-trois.

Le Président de la République française,

Signé : JULES GRÉVY.

Par le Président de la République française,

Le Garde des Sceaux,
Ministre de la Justice et des Cultes,
Signé : MARTIN FEUILLÉE.

PROJET

DE

LOI SUR LES SOCIÉTÉS

M. le ministre de la justice a déposé, il y a déjà quelques mois, sur le bureau du Sénat, un projet de loi sur les sociétés commerciales; on se rappelle qu'en 1882, sous le coup de la vive émotion qui s'était produite dans le public à la suite des événements financiers qui avaient marqué le commencement de cette année, le Gouvernement avait institué une commission extra-parlementaire dans le but d'apporter des réformes importantes à la loi de 1867. Ce sont les résultats des travaux de cette commission qui forment le projet de loi proposé aux discussions parlementaires.

On n'avait pas été sans s'apercevoir depuis longtemps, surtout au Palais, où il n'était pas rare de voir venir échouer des compagnies constituées avec grand fracas, que cette loi de 1867 ne répondait pas aux besoins actuels.

Pour tout résumer en deux mots : elle n'empêchait pas les plus grands excès, elle réprimait ceux qu'elle pouvait atteindre avec une exagération manifeste. Et pourtant, cette loi, comme on serait tenté de le croire, n'était pas l'œuvre d'un jour ni d'une session parlementaire. Le Conseil d'État l'avait élaborée, et avait mis à profit non seulement les études, faites en 1838, 1845, 1856]et 1863 ; mais encore et surtout il l'avait rédigée d'après sa jurisprudence déjà ancienne et éprouvée par suite des demandes en autorisation préalable que lui adressaient alors les sociétés anonymes. Encore aujourd'hui il est facile de reconnaître les articles qui ont été modifiés ou ajoutés sous le feu de la discussion parlementaire ; leurs incorrections et leur manque de précision les dénoncent : témoins les articles 3 et 42.

Il est rare que la liberté, succédant à une tutelle, n'aille pas dans sa première expansion jusqu'à l'abus et la licence. Ainsi en advint-il en 1867. Les spéculateurs, en vue de qui certainement la loi n'était pas faite et qui, jusqu'alors pour des motifs faciles à comprendre, s'étaient rejetés sur la société en commandite par actions, malgré les sévérités de la loi de 1856, s'emparèrent avec empressement de cette loi nouvelle, qui avait supprimé l'autorisation préalable et était rédigée dans un esprit libéral de nature à tenter les audacieux.

Les côtés faibles furent bientôt découverts, et l'on vit se reproduire les abus qui avaient été signalés en 1838 et en 1856, relativement aux apports en nature et aux avantages que se réservaient les fondateurs de société.

Les spéculateurs se précipitèrent par les nouvelles portes ouvertes : *qua data porta ruunt*. De là, les augmentations prodigieuses du capital ; les sociétés greffées sur les sociétés ; les abus des titres non libérés mis au porteur, etc.

Si encore la justice avait pu intervenir utilement et opposer une digue à tous ces débordements ; mais ou bien la loi la laissait impuissante, ou bien elle lui imposait une répression exagérée, que les juges n'appliquaient qu'avec la plus grande répugnance, à cause de ses sévérités sans proportion avec les fautes à réprimer. De là des discussions interminables sur l'interprétation des textes, jurisprudence variant d'une cour à une autre cour, d'une année à une autre année, comme on a pu le voir à propos de la question de savoir si le versement du quart en numéraire devait être effectué même sur les actions d'apport non entièrement libérées.

On comprend aisément quels résultats ont amenés ces incertitudes et ces variations ; les sociétés les plus solidement établies se demandent avec inquiétude si leur constitution est bien régulière : les abus se multiplient de la part des fondateurs et des administrateurs d'une foule de compagnies peu sérieuses ; les tribunaux ne sachant s'ils ont devant eux des personnes de bonne ou de mauvaise foi, sont absolument débordés. Il importait de porter remède au plus tôt à une situation aussi difficile, et c'est ainsi que le nouveau projet de loi, provoqué par des événements désastreux, s'impose pour ainsi dire au Parlement et doit, à l'heure actuelle, éveiller toute son attention.

Chaque nation a sa religion, sa langue, ses mœurs, ses coutumes et aussi ses lois particulières, qui dérivent bien des mêmes principes généraux (car la morale au moins est une, malgré la boutade de Pascal : qu'elle change suivant les degrés de latitude), mais qui s'adaptent au génie et aux mœurs de chacune d'elles. Cependant, par suite du rapprochement opéré par la science, les chemins de fer et l'électricité, et de la fondation de sociétés, pour ainsi dire, cosmopolites, ayant un siège dans chaque ville importante du monde, il est arrivé que les nations européennes se sont rencontrées pour créer une législation des sociétés commerciales à peu près uniforme, et dont les variations les plus accentuées proviennent surtout des améliorations apportées par chacune d'elles, d'après les études et les expériences faites par les autres.

Nous désirons, plus que jamais, appeler l'attention des législateurs sur les lois qui régissent les sociétés commerciales en Belgique (loi de 1873), en Allemagne (11 juin 1870), en Suisse (1883), en Italie (1882).

Voici comment nous nous proposons de procéder : en premier lieu, nous donnerons un aperçu général des additions et changements faits à la loi de 1867 par le projet de loi ; en second lieu, nous étudierons la valeur de ces modifications, et troisièmement enfin nous indiquerons ce qui nous paraît manquer à la loi projetée.

PREMIÈRE PARTIE

ANALYSE DU PROJET DE LOI

Un des premiers effets de la loi de 1867 fut de placer au premier rang la société anonyme, dispensée désormais de l'autorisation administrative, et de reléguer au second plan la commandite par actions. Le projet a donc raison, et il imite en ce point les législations étrangères, de modifier l'ordre suivi en 1867 et de régler accessoirement la commandite comme une modalité secondaire de la société par actions.

Les seize premiers articles du nouveau projet ont rapport à la constitution de la société ; ils règlent les formalités à accomplir pour la confection des actes, l'action, titre représentatif du capital social, la souscription, le versement du quart du capital espèces, la tenue des assemblées générales chargées d'approuver la valeur attribuée aux apports en nature et les avantages faits aux particuliers, la nomination des administrateurs et des commissaires. C'est sur ces points surtout que s'est portée l'attention de la commission, et avec raison, parce que l'expérience a démontré que si la plupart des sociétés tombaient, c'était par suite d'un vice constitutionnel provenant, soit des souscriptions et des versements incomplets, soit d'exagération dans les apports en nature et les avantages accordés.

Les modifications suivantes ont été apportées à la loi de 1867 :

Relativement aux actes, nous notons en premier lieu :

1° Que l'acte notarié, constatant la souscription de la totalité du capital et le versement du quart, devra indiquer le lieu où les fonds ont été déposés (nous montrerons que cette addition n'est pas suffisante);

2° Que les souscriptions devront être faites sur un bulletin contenant : l'indication sommaire de l'objet de la société, le montant du capital social, avec indication du capital apporté en nature et du capital espèces, les avantages particuliers réservés aux fondateurs et enfin la date de la publication du projet d'acte de société;

3° Que les affiches, prospectus, insertions dans les journaux, circulaires, devront contenir les mêmes renseignements.

L'énonciation seule de ces modifications à la loi de 1867 indique leur but; la première a été prise dans la loi italienne en vigueur depuis le 1er janvier 1883, et les deux dernières dans la loi belge de 1873.

A ces règles, il fallait une sanction. Outre la sanction pénale, les fondateurs encourent une responsabilité civile, en raison du dommage causé, conformément à l'article 55 du Code pénal; toutefois la prescription de cette action est réduite à une année à partir de la publication de la société. Mais si cette publication n'était pas faite, les auteurs du délit ne bénéficieraient pas de la faveur de la prescription plus courte et resteraient sous l'empire de celle de trois ans (*art.* 638 *du Code d'instruction criminelle*).

2° *Relativement aux actions,* le projet de loi définit que les actions sont négociables (commercialement) après la constitution définitive de la société, et non après le versement du quart, comme la mauvaise rédaction de la loi de

1867 permettrait de le soutenir jusqu'ici. La sanction de cette nouvelle disposition impérative est un nouveau cas de nullité de la société, dont les statuts seraient en contradiction avec cet article de loi.

Le second paragraphe de l'article 5 du projet est un retour à la loi du 23 mai 1863. Désormais les actions seront nominatives jusqu'à leur entière libération ; mais cette libération pourra se faire individuellement, dans le but de convertir le titre au porteur en la forme indiquée par les statuts. L'intervention de l'assemblée générale, pour voter la conversion des titres nominatifs en titres au porteur, ne sera plus nécessaire et deviendrait même impossible puisqu'il faudrait la réunir chaque fois qu'un actionnaire, ayant libéré son action, en désirerait la conversion.

Le projet tranche encore une grande controverse ; il décide que les apports en nature pourront être représentés par des actions libérées ou non libérées entièrement, sans qu'il y ait lieu au versement d'un quart.

Chacun se rappelle les discussions sans fin sur l'interprétation de l'article 3 de la loi de 1867 ; l'article 6 du projet proclame un principe plus net. Désormais les souscripteurs primitifs et les cessionnaires seront tenus jusqu'à l'entière libération des titres par eux souscrits, mais seulement à défaut du titulaire actuel. Cette responsabilité cessera, après deux ans écoulés depuis le transfert, en sorte que le titulaire acquéreur depuis deux ans restera seul tenu des versements. Il y aura beaucoup à dire sur cette nouvelle théorie; dès à présent constatons qu'elle est préférable au système si compliqué de la loi de 1867 (art. 3).

3° *Apports en nature et avantages particuliers*. Nous arrivons au point capital du projet. On s'accordait déjà à trouver la loi de 1867 très compliquée; ce qui s'expliquait par la nécessité de protéger les souscripteurs contre les fondateurs. Comme il a fallu reconnaître que néanmoins c'était une protection inefficace, on n'a rien trouvé de mieux que d'ajouter de nouvelles complications ; nous allons les énumérer en parlant des assemblées constitutives.

4° *Assemblées générales constitutives*. L'acte notarié signé par les fondateurs, constatant la souscription de la totalité du capital espèces et le versement du quart est présenté à l'assemblée générale. Si le quart des actionnaires présents suspecte la sincérité de la déclaration des fondateurs, cet acte est soumis à la vérification d'un ou de trois experts, nommés par le président du Tribunal de commerce. S'il y a des apports en nature faits à la société ou des avantages accordés à des particuliers, une première assemblée, comme autrefois, nomme des commissaires pour apprécier les apports et les avantages. Leur rapport se fait aussi dans les mêmes conditions à la seconde assemblée générale ; mais ici commencent les innovations.

D'après la loi de 1867, cette seconde assemblée n'avait point à discuter la valeur des apports et des avantages ; elle l'acceptait ou la refusait d'une manière absolue et de sa décision dépendait le succès ou l'échec de la société à constituer. On donnait pour motif de cette disposition tranchante que la valeur en question avait été indiquée aux souscripteurs et que c'était une condition de leur souscription. Le projet de loi répond qu'ils peuvent, par les statuts, accepter une modification ; et, sous cette réserve, l'assemblée est autorisée à accueillir une diminution sur cette valeur. Jusqu'ici rien de plus naturel et de mieux combiné.

Mais le projet suppose qu'un quart des actionnaires présents n'approuve pas le rapport des commissaires. L'assemblée, en ce cas, doit le soumettre à l'appréciation d'un ou de trois experts, nommés dans les conditions indiquées plus haut ; ce qui donne lieu à la convocation d'une troisième assemblée générale constitutive. Voilà donc trois assemblées : et si l'une d'elles, ou d'après l'esprit de la loi, si deux au moins d'entre elles ne réunissent pas à la première réunion les conditions de présence d'actionnaires, il faudra encore en convoquer une ou plusieurs autres. N'est-ce pas trop d'assemblées générales ?

En outre, sur la demande d'actionnaires représentant le vingtième du capital social, les apporteurs en nature peuvent être poursuivis pendant trois ans et condamnés à des dommages-intérêts envers la société, s'il est établi que les apports ont été majorés de moitié ; mais cette action ne peut être exercée par les créanciers sociaux. Il en sera de même si les apports étant indivis, il n'y avait pas eu d'appréciation par des commissaires et par plusieurs assemblées.

Tel est le système du projet dont le défaut capital, selon nous, est d'être trop compliqué pour être pratique.

Du reste, le projet de loi a accumulé les précautions pour que la loi soit observée ponctuellement dans la constitution de la société. Les fondateurs, les assemblées générales, les premiers administrateurs, les commissaires, ont tous mission d'y veiller. Et, s'il se découvre avant toute opération commencée, une irrégularité commise, les administrateurs, au besoin les commissaires, doivent convoquer une nouvelle assemblée constitutive pour régulariser la situation. Mais ce remède n'est applicable qu'avant toute opération sociale.

Régulièrement la société est constituée après l'acceptation des administrateurs ou des commissaires, dit l'article 16 du projet. Il y a là une rédaction équivoque, faite sans doute en vue du conseil de surveillance de la commandite.

Bien peu de modifications, sauf dans la mesure de la responsabilité, ont été apportées à la loi de 1867, relativement aux caractères des administrateurs et des commissaires. Relevons seulement que les premiers doivent déposer leur rapport au siège social à la disposition des actionnaires trois jours avant l'assemblée générale annuelle.

La composition et le fonctionnement des assemblées générales constitutives, qui devront être également convoquées en cas d'augmentation du capital, restent les mêmes que sous la loi de 1867. Aucune innovation pour les assemblées ordinaires. Deux modifications sont apportées aux assemblées générales extraordinaires. Jusqu'à présent, on ne savait ce qu'on devait faire lorsque, malgré plusieurs convocations l'assemblée ne se trouvait pas en nombre ; désormais une seconde assemblée pourra délibérer valablement avec un nombre d'actionnaires représentant le cinquième du capital social.

Le projet de loi définit aussi les pouvoirs des assemblées extraordinaires. Elles peuvent : 1° augmenter ou diminuer le capital social ; 2° prolonger ou réduire la durée de la société ; 3° changer la quotité de la perte qui rend la dissolution obligatoire ; 4° décider la fusion avec une autre société ; 5° modifier le partage des bénéfices, pourvu que les statuts leur en aient expressément réservé le pouvoir. Par contre, elles ne peuvent jamais changer l'objet essentiel de la société.

Le projet s'occupe ensuite de l'administration et de la vie sociale. Peu de modifications ont été apportées à la loi de 1867, sauf sur quelques points spéciaux que la pratique avait signalés à l'attention du législateur.

Il est contraire aux principes généraux de payer des intérêts aux actionnaires, lorsqu'il n'y a pas de bénéfices ; le projet de loi, suivant l'exemple de certaines législations étrangères, permet cependant de le faire sous les trois conditions suivantes : — l'intérêt ne dépassera pas 5 pour 100 ;

— la distribution sera autorisée par les statuts, — le prélèvement sur le capital n'aura lieu que pendant la période de
premier établissement. Si des intérêts étaient payés en dehors
de l'une de ces conditions, ils pourraient être répétés pendant
cinq ans.

Le projet de loi tranche aussi, en faveur des associés ou
des porteurs d'obligations, une question fort controversée
en jurisprudence. Il s'agit de la prétention qu'élèvent certaines sociétés de ne pas payer aux actionnaires ou aux
obligataires les intérêts des titres, sortis à des tirages, et
même de répéter les dividendes ou intérêts payés depuis
que ces titres étaient sortis au tirage. Le projet décide
qu'en pareil cas les sociétés ne pourront pas répéter les
intérêts qu'elles auront payés.

Une société peut-elle racheter ses propres actions ? Trop
d'abus criants s'étaient produits sur ce point pour que l'attention du législateur n'y fût pas appelée. Le projet ne
permet le rachat par la société que dans trois cas bien
déterminés : 1° le rachat ne pourra être fait que sur les
bénéfices et porter que sur des titres libérés, — autrement
il y aurait diminution du capital social ; — 2° il pourra être
fait pour un amortissement prévu par les statuts ; 3° ou
pour une diminution du capital dûment autorisée. Est donc
défendu le rachat fait avec le capital ou la réserve statutaire et en général dans un but de spéculation offensive
ou défensive. En ces derniers cas, la nullité de la vente ne
serait prononcée que si le vendeur était de mauvaise foi ;
mais les administrateurs seraient responsables de toutes
les conséquences de ce rachat.

Les responsabilités sont modifiées sensiblement par le
projet. Les causes de nullité sont à peu près les mêmes ou
au moins de même nature que dans la loi de 1867. Les fondateurs sont responsables solidairement envers les tiers et

les actionnaires, du dommage résultant de l'annulation provenant d'un vice constitutif. Cette responsabilité *peut être* partagée par les administrateurs, par les commissaires et *partiellement* par ceux qui ont fait des apports en nature et reçu des avantages particuliers. Nous sommes loin de l'ancien article 42, qui a donné lieu à tant de controverses.

Le projet mesure toutes les autres responsabilités d'après les règles du mandat, avec cette clause nouvelle que les administrateurs sont responsables des infractions aux dispositions de la loi. Les administrateurs sont en effet les mandataires de la loi qu'ils ont mission de faire observer.

L'article 43 constate que si la société est annulée, il a existé une société de fait, qui se règle d'après les statuts, d'où la préférence accordée aux créanciers sociaux sur les créanciers des associés. C'était le cas de nommer cette individualité juridique, qui est le principe premier, le fondement par excellence de toutes les solutions en matière de société par action. S'il y a des mandataires, c'est qu'il existe un mandant distinct de la personne des associés, ayant sa vie propre, ses règles et ses lois. Pourquoi ne pas le dire? On est contraint d'admettre cette individualité lors même qu'elle est créée en dehors de la loi, qui seule peut lui donner l'existence et on ne sait qu'elle existe que par les effets qu'elle produit au dehors.

Le projet ne change rien aux dispositions, relatives aux sociétés en commandite par actions et à capital variable; les unes et les autres ont peu fait parler d'elles; leur sagesse a dispensé le législateur de modifier leur réglementation.

Le nouveau projet de loi traite spécialement des obligations auxquelles il consacre le titre V. Les lois de 1856, 1863 et 1867 ne s'étaient nullement occupées de ce mode d'emprunt. Les rédacteurs du projet ont imité sur quelques points la loi belge et la loi italienne.

Le titre VI est consacré aux tontines, sociétés d'assurances et sociétés civiles ; le titre VII réglemente l'établissement des sociétés étrangères afin de faire cesser les interprétations contradictoires de la loi du 30 mai 1857, et les anomalies qui existaient entre la situation des sociétés étrangères en France, plus favorisées et plus libres que les sociétés françaises.

Les sanctions pénales ont été groupées sous un même titre ; elles étaient disséminées çà et là dans la loi de 1867. Elles sont détaillées minutieusement pour éviter le reproche fait au législateur précédent de n'avoir pas atteint tous les actes coupables, soit par la loi elle-même, soit par le Code pénal.

Malgré son désir évident de ne pas multiplier à l'excès les dispositions nouvelles, la commission n'en a pas moins porté la loi de 1867, de 66 à 108 articles, et le principal reproche que nous lui adressons sera, si on adopte son système de réglementation, de n'avoir pas assez fait. Il faut, en effet, quand on ne procède pas par principes et par grandes lignes, tout prévoir, tout résoudre ; aussi la loi belge a-t-elle 138 articles, la loi italienne 160 ; le Code allemand sur la matière des sociétés 185, et la loi suisse 196.

Il y a, en effet, deux manières de faire une loi, la première qui est la meilleure incomparablement, celle qui a été suivie pour la confection des lois stables et qui consiste à procéder par définitions et par exposition de principes, dont la doctrine et la jurisprudence donnent un commentaire, qui s'élucide et se précise tous les jours. Mais de telles lois réclament des travaux préparatoires considérables ; elles doivent surtout émaner de jurisconsultes savants agissant en dehors des agitations de la vie politique.

L'autre manière consiste à créer des lois suivant les besoins du moment, à réparer les fissures et les dégâts à mesure qu'ils se produisent dans l'édifice, que, souvent, il vaudrait mieux jeter par terre et reconstruire à neuf. En effet, il faut y revenir souvent et rarement le travail est durable. C'est ce qui est arrivé jusqu'à présent pour la législation des sociétés. Espérons qu'à cette fois la réparation plus complète sera de plus longue durée.

Nous ne nous arrêterons pas, du moins en cette place, à des considérations générales sur la valeur du projet dont nous venons d'analyser les principales dispositions. Lorsque nous aurons étudié séparément chacune d'elles, nous serons mieux en mesure de nous rendre compte des défauts et des qualités de l'œuvre dans son ensemble. Nous suivrons naturellement pour cette étude l'ordre du projet de loi, ce qui nous amène à traiter de suite l'un des points les plus importants : la constitution de la société.

ARTICLE 1er

CONSTITUTION DE LA SOCIÉTÉ

Lorsqu'on se reporte aux arrêts rendus dans ces dernières années, il est impossible de ne pas être frappé du grand nombre de sociétés qui ont été déclarées nulles pour vice dans leur constitution. Rien de plus aisé que de découvrir quelque cause de nullité ; aussi des agences se sont créées spécialement pour opérer ce genre de recherches, s'attaquant tantôt à des compagnies en pleine prospérité et tantôt à des associations déjà tombées dont les membres ou les intéressés n'avaient pas eu la pensée de faire supporter les responsabilités d'une ruine par des fondateurs honnêtes ou des administrateurs malheureux. D'ailleurs, en une foule de circonstances, le vice constitutif motivant la nullité n'avait eu aucune influence sur les destinées de la société.

Sans doute la faute en est bien souvent à la mauvaise foi de ces spéculateurs audacieux qui s'inquiètent de la loi uniquement pour éluder ses prescriptions ; mais enfin la vérité nous oblige à reconnaître que beaucoup de fondateurs ont agi avec des idées toutes différentes parce que leur véritable intérêt, d'accord avec leur honnêteté, leur faisait une obligation stricte de se mettre en règle avec la loi ; aussi, pour y arriver, ils avaient eu soin de s'entourer des conseils d'hommes spéciaux et compétents.

C'est pourquoi nous sommes amené à reconnaître que

la faute doit surtout remonter à la loi de 1867, dont les obscurités et les imperfections permettent au spéculateur véreux d'éluder ses prescriptions ; au fondateur honnête, de se méprendre sur leur véritable portée; au juge enfin d'affaiblir ses arrêts par des contradictions trop fréquentes et par des sévérités hors de proportion avec les fautes commises.

Ces défauts apparaissent surtout dans les dispositions relatives à la constitution de la société, et il n'est pas étonnant que le projet de loi se soit plus particulièrement appliqué à les réformer et à les rendre meilleures. S'il n'y est pas arrivé, nous devons constater que la difficulté était sérieuse; qu'en France des tentatives répétées n'ont pas été jusqu'à présent couronnées de succès et qu'à l'étranger on réclame aussi des améliorations sur ce point. Toutes les législations cherchent, aucune n'a encore trouvé, croyons-nous, la solution de ces deux problèmes : 1° Comment obtiendra-t-on une souscription réelle de la totalité du capital et le versement effectif d'une fraction de ce capital? 2° Comment empêchera-t-on l'exagération des apports en nature et des avantages accordés aux particuliers?

SOUSCRIPTIONS ET VERSEMENTS

La première modification que nous ayons à signaler, c'est une disposition, par laquelle l'acte notarié, que signent les fondateurs avant de le présenter à l'assemblée générale et qui constate l'intégralité de la souscription et le versement du quart, devra indiquer où ces versements seront déposés jusqu'à la constitution définitive de la société. (Art. 3.)

Un projet de loi autrichien de 1883 est plus explicite; il veut que cet acte indique où, à quelle époque et de quelle manière les versements ont été opérés. Plus exigeante en-

core se montre la loi italienne, la plus sévère des législations
européennes en matière des sociétés par actions (peut-être
parce qu'elle est la plus récente), les fonds devront être déposés à la caisse des dépôts et consignations ou dans quelqu'une des six maisons de banque qui ont été désignées
par une loi subséquente. (Art. 132 C. italien.) Écartons le
dépôt à la caisse des consignations, qui entraînerait trop
de difficultés dans la pratique; mais tout au moins notre
législation pourrait adopter la consignation dans des maisons de banque désignées nominativement ou bien exiger
l'indication de la manière dont chaque versement a été
opéré.

Mais l'indication du lieu de dépôt suffit-elle?

N'a-t-on pas tout à redouter dans une matière où les
appétits surexcités cherchent et finissent par trouver le
moyen de tourner la loi? Ne verra-t-on pas des sociétés
se constituer pour prêter à des embryons de sociétés en
détresse les sommes nécessaires au dépôt? Il est bien
difficile de trouver un moyen pratique d'obtenir la certi-
tude que les fonds déposés proviennent des souscriptions
et ne vont pas retourner, après les formalités remplies,
aux prêteurs complaisants.

A la vérité, cette opération serait des plus dangereuses
de la part des fondateurs et des prêteurs ; les fonds de-
posés seront réputés la propriété de la société, envers laquelle
les administrateurs seraient responsables d'un délit de droit
commun, s'ils ne justifiaient pas de l'emploi régulier des
sommes retirées.

Ainsi qu'on le verra plus loin, nous demandons la création d'un bureau de société, tel qu'il existe dans plusieurs
pays, et nous pensons qu'en même temps que les fonds
devront être déposés à ce bureau : les bulletins de souscription, les talons des registres à souches de quittances,

talons que le souscripteur ou son mandataire aura signés. Ainsi, la vérification sera possible et la fraude sera empêchée sans qu'aucune de ces exigences soit difficile à respecter.

La seconde formalité, introduite par le projet de loi, est excellente, dût-elle être améliorée encore dans les détails. Elle est adoptée par toutes les législations nouvelles et, si nous ne nous trompons, elle a été prise dans le projet de loi de 1838. Afin de permettre au souscripteur d'agir en connaissance de cause, la souscription devra être apposée au bas d'un bulletin qui résume tous les renseignements qu'il importe de connaître ; l'objet de la société, le montant du capital social divisé en capital-apports en nature, et capitalespèces, les charges spéciales, la date du journal où le souscripteur pourra lire les statuts. N'oublions pas de noter qu'une responsabilité civile et pénale est attachée pendant un an à l'inobservation de ces prescriptions en tout ou en partie. Le projet de loi s'est attaché à corriger un défaut qu'on pourrait reprocher à la loi de 1867, de n'avoir point mis de sanction à plusieurs de ses dispositions, quelquefois même assez importantes.

Arrivons aux modifications apportées au régime des actions. La négociation ne sera possible qu'après la constitution de la société, la loi de 1867 disait : après le versement du quart. Il nous avait toujours semblé qu'au fond les choses revenaient au même, mais la précision du nouveau texte est préférable. Malgré l'amélioration de la forme, le projet de loi ne clôt pas une discussion des plus sérieuses et qui a été résolue dernièrement par la Cour de Lyon, dans un sens absolu, qui peut être logique, mais qui n'est certainement pas pratique. Une société annulée, fût-ce après dix ou vingt ans, est censée n'avoir jamais existé ; elle n'a donc pas été constituée : il en résulte que toutes les négociations

d'actions de cette société sont nulles. Sous une nouvelle
face se présente ici la question, longtemps agitée, de savoir
si l'annulation d'une société a pour résultat de délier absolument et rétroactivement les rapports des associés, en
sorte que, par exemple, un apport fait à la société n'aurait
jamais cessé d'appartenir à l'apporteur. Mais de même que
la logique a dû fléchir devant les conséquences absurdes
d'un principe absolu et reconnaître l'existence d'une société
de fait ; de même aussi il faudra bien accorder une certaine
valeur à d'aussi nombreuses négociations.

Nous retrouvons, dans le projet de loi, deux principes
importants que le législateur de 1867, dans l'enfantement
laborieux de l'article 3, avait supprimés par inadvertance,
qui n'existaient plus que virtuellement, pour ainsi dire, par
la force d'une exception qui supposait la règle. Le premier de ces principes, c'est que les actions sont nominatives jusqu'à leur entière libération (art. 5). L'exception
qui seule était inscrite dans la loi de 1867, et qui permet-
tait de convertir les actions nominatives en actions au porteur, sous certaines conditions et après libération de moitié,
disparaît. Toutes les législations sauf une exception pour une
catégorie d'actions au porteur, reproduisent cette prescription qui était insérée dans la loi de 1856. On n'a pas trouvé
mieux, et il ne faut rien moins pour assurer les appels de
fonds dans les sociétés. Le projet de loi ajoute que « si les
statuts autorisent la conversion, toute action libérée peut être
convertie en action au porteur » (art. 5). L'exposé des motifs qui accompagne le dépôt au Sénat, fait remarquer qu'il
est à craindre que les fondateurs ne profitent de cette concession pour se faire attribuer des actions libérées qu'ils
mettront immédiatement au porteur, afin de pouvoir s'en dé-
barrasser au plus vite, dans le premier enthousiasme, et nous
ajoutons sous le coup d'une majoration imposée au marché

par un syndicat à la hausse. C'est, en effet, un danger, mais il existait déjà sous le régime actuel, puisqu'il est licite de recevoir des actions libérées en rémunération des apports en nature, et ce n'est pas parce que les titres seront au porteur que le péril deviendra plus grand. Nous trouvons plutôt des inconvénients que des dangers à ce système ; cette libération isolée compliquera la situation financière ; elle aura pour effet de priver les intéressés, les créanciers par exemple, de renseignements précis sur l'état de la société ; car ils sauront difficilement à quel chiffre se montent les actions non libérées par anticipation, et quel est par conséquent la garantie réelle de leurs créances. Des difficultés sont aussi à prévoir relativement à la rémunération qui sera attribuée à ce supplément de capital.

En résumé, il serait plus sage d'établir une règle générale d'après laquelle toutes les actions représentatives du capital, quelle que fût son origine, devraient toujours être libérées d'une même quantité ; ce serait plus conforme à la notion de l'action, qui se base sur l'égalité des droits.

Le deuxième principe établi par le projet de loi est plus important et est aussi plus discuté ; il a rapport à la responsabilité des souscripteurs primitifs.

L'article 6 est ainsi conçu :

Les souscripteurs et les cessionnaires intermédiaires sont responsables avec les titulaires du montant de l'action.

Les souscripteurs et les cessionnaires ne peuvent être appelés isolément ou concurremment que dans l'instance engagée contre le titulaire, en payement des versements non effectués.

Tout souscripteur ou cessionnaire qui a cédé son titre, n'est plus responsable, deux ans après le transfert, des versements non effectués.

C'est ici l'une des questions les plus importantes de la législation des sociétés.

Le souscripteur d'une action dont il ne verse qu'une partie, est débiteur du solde de ce titre envers la société; en conséquence, il ne saurait transférer sa dette de manière à ce qu'il y eût novation, sans le consentement de la société créancière. (Art. 1275 C. civ.) L'action mobile par nature ne pouvait subir de telles entraves, donc le consentement de la société fut donné par les statuts, par l'unanimité des associés ou même par les assemblées générales, en sorte qu'il devint de principe que l'action non libérée pouvait se transférer sans difficulté et sans laisser subsister d'obligation derrière elle. Ce fut la cause d'abus scandaleux; les souscripteurs se hâtaient de mettre à leur place des hommes sans consistance et sans solvabilité, au grand détriment de la société. Les premiers essais de répression remontent à 1838; mais ils ne devinrent effectifs que par la loi de 1845 sur les chemins de fer. Elle posait en principe la responsabilité du souscripteur et la limitait à la moitié de l'action dans certaines conditions déterminées. Le Conseil d'État fit de cette prescription un des principes de sa jurisprudence à l'égard des sociétés anonymes.

De nouveaux abus se produisirent dans les sociétés en commandite par actions; aussi la loi de 1856 se montra-t-elle inexorable : 1° les titres devaient rester nominatifs jusqu'à leur entière libération; 2° les souscripteurs étaient responsables du montant de l'action jusqu'à son entière libération. (Loi du 17-23 juillet 1856, art. 2 et 3.)

On ne fut pas longtemps à s'apercevoir qu'on était allé trop loin; et pourtant la loi de 1863 sur les sociétés à responsabilité limitée, reproduisit ces dispositions sans aucune modification; mais en 1867, tout le monde s'accordait pour apporter quelques adoucissements à ces prescriptions trop sévères. Le corps législatif décida que cette responsabilité, dans le cas où l'on désirerait mettre les titres au porteur, ne s'étendrait qu'à la moitié de l'action et disparaîtrait pour l'autre moitié deux ans après la conversion. C'est le résumé un peu incomplet de ce fameux article 3, espèce de casse-tête chinois, qui donne lieu à tant d'interprétations différentes.

Les législations étrangères postérieures à la loi de 1867 s'efforcèrent de trouver une solution plus satisfaisante.

La loi anglaise distingue les sociétés à responsabilité limitée et illimitée, et les actionnaires anciens des titulaires actuels. Ces derniers, dans l'une comme dans l'autre forme de société, sont naturellement responsables du montant de leurs actions non libérées; mais les actionnaires anciens ne sont tenus que des dettes antérieures à leur sortie de la société, et même des postérieures, si la liquidation survient moins d'un an avant leur sortie de la société. De plus, dans les sociétés à responsabilité illimitée, ils sont responsables pendant les trois ans qui suivent leur retraite. Dans tous les cas, la substitution est connue des tiers par la publicité donnée au registre des actionnaires.

La loi belge a évidemment copié la loi anglaise (art. 40, 41, 42); mais elle est entrée dans des détails plus minutieux. Le souscripteur d'une action non libérée peut se retirer de la société; sa retraite est connue des tiers par sa disparition du livre des actionnaires; dès ce moment, il n'est responsable que des engagements antérieurs à sa sortie et jusqu'à concurrence du solde de l'action; encore a-t-il un recours solidaire contre tous les cessionnaires successifs, et enfin il est délivré de toute responsabilité par la prescription de cinq ans.

La loi allemande établit une distinction entre les titres nominatifs et les titres au porteur. Les premiers doivent être d'un montant d'au moins 50 thalers et les seconds ne descendent pas au-dessous de 100 thalers. L'acte de société détermine si les actions seront nominatives ou au porteur et, s'il y a lieu, la proportion respective des actions de ces deux catégories, ainsi que le mode de conversion de l'une à l'autre. (Art. 207, 208, 209.) Si les titres sont nominatifs, aussi longtemps que le montant de l'action n'a pas été versé, l'actionnaire (la loi ne dit pas le souscripteur) ne s'affranchit pas de l'obligation de verser le reliquat en transférant son droit à un tiers, sauf si la société le décharge de son obligation et accepte le nouvel acquéreur en son lieu et place. Et, même dans ce cas, l'actionnaire sortant reste tenu solidairement jusqu'à concurrence du montant du reliquat à verser, pour tous les engagements antérieurs à sa retraite pendant une année entière. (Art. 223.) Si les titres sont au porteur, il peut être stipulé dans l'acte de société que le souscripteur, après le versement de 40 pour 100 du montant de l'action, pourra être déchargé de la responsabilité des versements ultérieurs, sous des conditions déterminées par le même acte, et même, dans certains cas, ce versement à la charge du souscripteur primitif pourra être abaissé à 25 pour 100. (Art. 222.)

Le Code fédéral suisse s'est inspiré en grande partie de la loi allemande ; il a ajouté une disposition qu'il est intéressant de noter : le souscripteur, qui a cédé son action, reste tenu des versements non effectués jusqu'à concurrence du capital nominal si la société tombe en faillite pendant l'année qui suit la cession.

Le Code italien, en vigueur depuis le 1er janvier 1883, est revenu purement et simplement aux prescriptions absolues de notre loi de 1856.

Tel est l'état des législations étrangères.

Il est incontestable que des abus nombreux et scandaleux se sont produits en divers temps et se produiraient encore s'il était permis aux sociétés de donner à leurs actions la forme de titres au porteur avant leur entière libération. Aussi doit-on approuver que les actions restent nominatives tant qu'elles ne sont pas libérées ; c'est une garantie pour la société, qu'elle trouvera un répondant quelconque si elle fait un appel de fonds.

S'il est juste d'assurer à la société le moyen de connaître le titulaire de l'action, le véritable associé, n'est-il pas inique de ne voir dans le souscripteur comme dans les cessionnaires intermédiaires que des débiteurs solidaires de la société, tandis qu'en réalité, ce sont d'anciens associés, ayant, par la vente de leurs titres, renoncé à toute action sur la marche de la société et par suite pouvant espérer ne pas rester responsables solidairement et indéfiniment.

Nous disions déjà en 1881 sur cette question :

Lier la totalité des souscripteurs pour un temps fort long et indéterminé, c'est apporter un grand obstacle aux relations commermerciales, et c'est créer des situations juridiques aussi anormales qu'injustifiables. En effet, le souscripteur reste caution d'une obligation, dont il ne peut suivre les péripéties, qui sera plus ou moins sérieuse, plus ou moins aléatoire, suivant que les hasards de la Bourse lui assigneront des cessionnaires plus ou moins solvables. En règle, il ne choisit pas l'acheteur de ses titres, ni encore moins aucun des cessionnaires qui se succèdent et non seulement il ne les choisit pas, mais il n'en peut récuser aucun. Au bout de dix, vingt ou trente années, il apprendra, lui ou ses héritiers, par une sommation en payement, que telle des actions souscrites dans un autre temps, est tombée d'agent de change en agent de change entre les mains d'un actionnaire insolvable ! Est-ce là une situation admissible en équité ? (*Traité des sociétés commerciales*.)

C'est certainement pour ces motifs et d'autres qu'il serait trop long d'énumérer, que presque toutes les législations se sont refusées à maintenir le principe absolu de la responsabilité solidaire et indéterminée du souscripteur et des cessionnaires intermédiaires jusqu'à la complète libération du titre. Le but à atteindre n'est pas d'assurer à la société le privilège exorbitant de la responsabilité d'une série de débiteurs, qui se sont succédé dans la possession de l'action. On ne veut qu'une seule chose : empêcher qu'à l'origine de la société le souscripteur et d'autres puissent céder leurs actions non libérées au détriment de la société créancière. Alors ne suffit-il pas de les retenir comme responsables pendant une ou plusieurs années, jusqu'à ce que la société puisse rentrer sans danger dans ce qu'on pourrait appeler le droit commun.

Le projet de loi soumis au Sénat entre dans une voie nouvelle ; ses dispositions plus sévères en apparence sont en réalité plus acceptables. Le souscripteur et les cessionnaires intermédiaires seront déchargés de cette lourde responsabilité deux ans après le transfert de leurs titres. C'est évidemment une amélioration pour le souscripteur. Ce système est en outre moins préjudiciable que ne l'est le système de la loi de 1867, aux intérêts de la société. Il est piquant, en effet, de remarquer que l'article 3 de cette loi, en permettant la conversion des actions libérées de moitié en titres au porteur, et en délivrant de tout recours le souscripteur et les cessionnaires intermédiaires deux ans après le vote de conversion, cause souvent aux sociétés un préjudice plus considérable que ne l'eussent pu faire les fameux hommes de paille d'autrefois. Les gens peu scrupuleux se gardent bien de répondre à un appel de fonds dans une société en faillite, s'ils ont des titres au porteur. M. Pouyer-Quertier a prétendu dans la discussion de la loi qu'on pouvait toujours retrouver les possesseurs de titres au porteur ; que c'était une affaire de comptabilité. Cela pouvait être dit en 1867, mais aujourd'hui l'expérience ne permet plus de tenir un pareil langage. La loi de 1867 a pour effet de rendre possible la diminution à moitié du capital social au moment même où la société aurait besoin de tous ses fonds pour faire honneur à ses engagements.

Le nouveau projet a donc l'avantage d'assurer un répondant certain à la société. Mais d'un autre côté le souscripteur et le cessionnaire intermédiaire ne seront plus responsables que pendant deux ans à partir du jour de la cession. En outre, le projet de loi introduit une modification dans la procédure. Comme le réclamait l'équité, le titulaire actuel est constitué débiteur principal, c'est à lui que la société devra s'adresser directement, et elle ne pourra appeler en cause le souscripteur et les cessionnaires intermédiaires que concurremment avec lui. C'est certainement une amélioration. Il ne faut pas cependant en exagérer l'importance pratique. En deux années un titre peut passer par bien des mains. A chaque appel de fonds, cette multitude de possesseurs devra précisément être appelée à la fois devant le Tribunal, si le titulaire ne s'exécute pas ; une seule procédure, il est vrai, mais une procédure obligatoire et nécessairement formidable remplacera donc cette cascade d'actions en garantie qui existait depuis la loi de 1867.

Pourquoi ne pas aller plus loin ? L'expérience a démontré que la fraude était à redouter, surtout au début et à la fin des sociétés. Est-ce que deux années à partir de la constitution de la société, ne sont pas suffisantes pour qu'on puisse constater que la société, constituée sérieusement, peut rentrer sans péril dans le droit commun. C'est une année de plus qu'en Allemagne et en Suisse. Et si on craint qu'à des moments de baisse précurseurs de la faillite, les avisés ne transfèrent leurs titres à des insolvables, pourquoi ne pas déclarer, comme en Suisse, responsable celui qui a cédé son titre dans l'année de la faillite?

Par ce moyen, la société serait garantie à sa naissance et à sa mort ; et, dans le cours de son existence, tant qu'elle serait *in bonis*, elle resterait avec le droit du créancier, qui, par le transfert du titre, a accepté un nouveau débiteur. Il n'y aurait plus à redouter, à chaque appel de fonds, pour le souscripteur et les cessionnaires intermédiaires, ces solidarités iniques et choquantes, et ces procédures, sinon interminables, comme sous la loi de 1867, du moins coûteuses, même avec le projet nouveau.

L'article 7 du projet tranche une discussion importante ; il décide que « les apports en nature peuvent être représentés par des actions libérées, soit en totalité, soit en partie ». Par cette disposition, il consacre un usage universellement adopté, puis il ajoute :

Dans ce dernier cas, les apports peuvent, en vertu des statuts, servir à la libération partielle des actions et être imputés soit sur le versement du premier quart, soit sur les versements ultérieurs.

La Cour de cassation vient tout récemment de prononcer dans le même sens (15 février 1884). Seulement, comme on l'a déjà remarqué, il importera là, plus encore que pour les souscripteurs, de retenir la responsabilité des titulaires d'actions non libérées, représentatives d'apports en nature ou d'avantages accordés à des particuliers, dans les conditions de l'article 6.

Le projet de loi, à l'article 8, déclare que les avantages consentis aux fondateurs peuvent être représentés par des titres cessibles et négociables. La question ne faisait guère difficulté, et il eût été intéressant de définir en cette occasion le caractère des fondateurs ; s'ils sont associés parce qu'ils reçoivent des avantages ; si, dans une société, il convient de distinguer deux catégories d'associés et d'actionnaires ; si l'action est ou n'est pas la représentation par parties égales de tout le capital social ; si la part de fondateur est soumise aux mêmes règles de forme et de quotité que le titre action.

———

APPROBATION DES APPORTS EN NATURE ET DES
AVANTAGES

Sous le régime de la loi de 1867, s'il n'y a ni apports en nature, ni avantages à approuver, une seule assemblée est convoquée ; elle vérifie la sincérité de l'acte notarié ; elle nomme quand il y a lieu les administrateurs et en tous cas un ou plusieurs commissaires, et lorsque les mandataires ont fait connaître leur acceptation, la société est constituée.

Le projet de loi propose une modification qui rendra nécessaire la convocation d'une seconde assemblée, si la demande en est faite par le quart des actionnaires présents. La sincérité et la déclaration du fondateur seraient alors soumises à l'appréciation d'un ou de trois experts nommés par le président du Tribunal de commerce. (Art. 9.) Le projet ne parle pas du temps qui leur sera accordé pour faire leur rapport ; mais celui-ci devra être déposé dix jours avant la réunion de la seconde assemblée.

Les formalités à remplir seront bien plus compliquées lorsqu'il y aura des apports en nature ou des avantages à approuver. Sur la demande du même nombre d'actionnaires, la seconde assemblée générale, réunie pour entendre la lecture du rapport des commissaires, chargés de l'examen, confiera l'étude de ce rapport à un ou trois experts choisis dans les mêmes conditions. En conséquence, une troisième assemblée générale sera convoquée. Si, à quelqu'une ou à plusieurs de ces assemblées, on ne réunit pas le nombre d'actionnaires voulu, ce qui ne manquera pas d'arriver, selon toute probabilité, convocations d'une quatrième et même d'une cinquième assemblée générale seront nécessaires. Enfin, suivant la teneur de l'article 16, les commissaires devront, à leur tour, opérer une vérification générale de l'accomplissement de toutes et chacune des formalités exigées par la loi, et, s'ils constatent quelque défectuosité de nature à faire annuler la société, une nouvelle assemblée générale sera encore appelée. Il nous semble que cette démonstration par des chiffres prouve mieux que toute autre raison que le système n'est pas pratique.

Il est vrai d'autre part qu'il n'est pas à craindre que les sociétés en travail d'une constitution aient recours aux experts que leur propose le projet de loi. Qui ne connaît l'entraînement et l'aveuglement des souscripteurs dans l'enthousiasme de la première heure! Ils ont trop de hâte d'organiser la société et de jouir au plus tôt des magnifiques dividendes que leur ont fait entrevoir de séduisants prospectus. Ils n'ont aucun doute, aucune méfiance, et en général ils ne seront pas disposés à recourir au président du Tribunal de commerce et à des experts qui pourraient faire attendre longtemps leur décision.

Ainsi donc, à notre avis, le projet de loi introduit des complications où il importait de simplifier, et ces complications demeureront inutiles dans la pratique.

D'ailleurs nous devons approuver cette modification qui permet à l'assemblée générale d'accepter une réduction sur la valeur primitivement attribuée aux apports en nature et aux avantages particuliers. (Art. 11.) L'ancien article 4 était incomplet sur ce point.

Ce pouvoir donné à l'assemblée semble résoudre implicitement une autre question très discutée, celle de sa-

voir si lorsque le capital social n'est souscrit qu'en partie
et que les statuts prévoyant cette hypothèse, ont donné à
la majorité le pouvoir de réduire le capital, une telle réduction est valable en sorte que la société soit régulièrement constituée par le simple vote de la majorité. (Affir-
mative: Vavasseur, L. n. 388 à 390, 3ᵉ édition; Lyon-Caen,
414. — *Contra :* Pont, n. 886 ; Bédarride sur la loi de 1867,
n. 21 et 1.) Il nous semble qu'un texte spécial et plus précis serait nécessaire pour faire cesser toute controverse,
lorsqu'il s'agit de la souscription du capital espèces. Nous
pensons du reste que ce pouvoir, donné à l'assemblée, ne
pourrait lui être octroyé que par les statuts, auquel chaque
souscripteur se serait soumis d'avance, mais ne pourrait,
comme en matière d'apports, être disposé, d'office par la
loi.

Il faut approuver également le paragraphe 3 de l'article
12, par lequel, sur la demande d'actionnaires représentant
le vingtième du capital social, ceux des associés qui ont
fait des apports en nature, peuvent, pendant trois ans,
être condamnés à des dommages-intérêts, s'il est établi
que la valeur des apports n'atteignait pas la moitié de
leur évaluation.

Ces associés seront bien maladroits, s'ils ne se con-
tentent pas de la part si belle qui leur est faite. Ils peuvent
évaluer sans crainte deux millions ce qui en réalité ne vaut
qu'un! Tout le talent des fondateurs apporteurs consistera
donc à se rapprocher de la limite permise sans la dépasser!

Il est du reste à remarquer que le projet de loi n'introduit cette innovation que timidement et en l'entourant de
conditions restrictives qui en atténuent considérablement
la portée. 1° La demande devra être faite par un groupe
d'actionnaires représentant le vingtième du capital social.
2° Elle devra se produire dans les trois ans de la constitu-

tion de la société. 3° La preuve de la lésion à plus de moitié incombera aux demandeurs. 4° Les créanciers sociaux ne pourront exercer cette action, quoiqu'elle soit intentée au profit de la société. Il est regrettable, croyons-nous, qu'une telle action soit seulement civile ; par nature elle appelait une sanction pénale.

Quoique le projet de loi applique à l'article suivant les dispositions de ce paragraphe aux apports par indivis, qui ne sont pas soumis à l'approbation des assemblées générales, parce que ces assemblées feraient double emploi ; il n'en est pas moins vrai que la loi laisse désarmé contre un des plus grands dangers qu'il puisse courir, le public à la recherche des placements avantageux. Dans les sociétés, telles qu'elles sont constituées ordinairement, il existe ou du moins on suppose qu'il existe deux intérêts opposés qui se contrôlent mutuellement. Le souscripteur apprécie la valeur attribuée à un apport en nature, et s'il la trouve surfaite et exagérée, il s'abstient de souscrire ; mais lorsque l'apport est indivis, ou, ce qui arrive encore souvent, lorsque ceux qui font des apports en nature souscrivent toutes les actions du capital espèces, il se trouve que les actions ne sont lancées dans le public qu'après la constitution de la société, et alors se produisent les fraudes les plus scandaleuses. Il y a là une lacune à combler, un danger à parer : le projet de loi ne s'en est pas occupé.

Tel est, dans son ensemble et dans ses traits généraux, ce système du projet de loi relativement à l'approbation des apports en nature et des avantages. Il diffère de la loi de 1867 en ce qu'il établit des règles et des formalités plus minutieuses, et sans aller plus loin, c'est ce qui les condamne, car déjà c'était précisément par ces complications que la loi de 1867 donnait lieu à de sérieuses critiques.

La meilleure preuve que nous puissions en donner, c'est

que les législations européennes, qui l'ont prise pour type, s'accordent toutes en ce point qu'elles ne veulent qu'une assemblée générale, qu'elles ont soin d'entourer préalablement de tous les renseignements nécessaires pour juger en connaissance de cause.

Il n'est pas difficile de trouver les motifs qui les ont déterminés à simplifier notre système. D'après notre droit, une première assemblée nomme des commissaires, mais qui les a choisis et les a présentés au suffrage? Les fondateurs. Et en réalité, il était impossible d'agir autrement, car les membres de l'assemblée inconnus les uns aux autres ne peuvent que nommer ceux qu'on leur a désignés.

Or ces commissaires, on nous permettra bien le mot, « sont les compères des fondateurs »; si quelques souscripteurs conservaient encore des doutes, ils sont chargés de les dissiper, en sorte qu'ils achèvent d'aveugler ceux à qui ils avaient mission d'apporter la lumière.

Il ne faut pas se faire d'illusion, l'institution de ces commissaires est un des côtés les plus défectueux des dispositions qui réglementent la constitution de la société. Comme ils sont forcément choisis et désignés par les fondateurs qu'ils doivent contrôler, ils représentent mal les intérêts opposés des souscripteurs.

Nous aurions compris que le projet de loi exigeât que, dans la première assemblée constitutive, les fondateurs fussent tenus de demander aux actionnaires s'ils voulaient désigner eux-mêmes des commissaires ou s'ils préféraient avoir recours à l'intervention d'experts nommés par le président du Tribunal de commerce. Tout au moins on diminuait le nombre des rouages et les souscripteurs n'auraient eu qu'à s'en prendre à eux-mêmes s'ils venaient à être trompés par les commissaires que leur indiquaient les fondateurs.

Quant à nous, nous allons plus loin sans hésitation ; car nous redoutons trop pour les connaître l'aveuglement et l'incapacité des souscripteurs. Nous ne les appellerions pas à opter ; nous leur imposerions d'office des experts, seuls capables d'empêcher les tromperies et les déloyautés de la première heure. Cette intervention s'impose aujourd'hui après les expériences faites en France et à l'étranger. Il est de notoriété que la masse des souscripteurs n'a pas ce qu'il faut pour se prémunir contre la fraude ; elle se laisse et se laissera toujours éblouir par les promesses fallacieuses qu'on fait miroiter à ses yeux. Et l'Etat a mission de protéger les faibles contre la ruse et la fraude, aussi bien que contre la force et la violence ; d'autant plus qu'il est lui-même intéressé à réprimer les audaces des spéculateurs. N'a-t-on pas vu la chute de quelques sociétés arrêter la confiance, tarir les sources du crédit et amener une crise financière.

Est-ce à dire que nous réclamions le rétablissement de l'autorisation préalable ? Non, certainement ; elle a été supprimée, et cette suppression a produit, en somme, d'excellents résultats. Nous ne voulons ni autorisation préalable, ni intervention administrative dans les affaires intérieures et dans les conventions particulières des sociétés. Mais nous disons à l'Etat : Vous regardez avec raison comme essentiel dans la constitution d'une société que son capital soit souscrit entièrement ; le quart de ce capital versé, les apports en nature qui lui sont faits ou les avantages qu'elle accorde, appréciés à leur juste valeur ; pour arriver à cette fin, vous accumulez les responsabilités les plus redoutables sur la tête des fondateurs, des administrateurs, des commissaires, de tous les mandataires sociaux, que vous poursuivez avec la dernière rigueur lorsque la société est annulée ; parce que vous les avez constitués les représentants de la loi. Or, jusqu'à présent, vous n'avez pas obtenu les résultats que vous étiez en droit d'attendre ; à l'étranger, on n'a pas été plus heureux que vous. Pourquoi ne prenez-vous pas cette charge vous-même ? Pourquoi n'avez-vous pas des représentants à vous, qui vérifieront tous ces détails extérieurs : souscriptions, versements, règlement des apports en nature et des avantages ?

Oui, c'est là, croyons-nous, le remède énergique qu'il faut opposer à toutes ces fraudes, à ces irrégularités qui se rencontrent trop aisément dans toutes les sociétés, même les plus honnêtement constituées. A l'imitation de ce qui se fait en Angleterre, en Belgique, en Allemagne, en Suisse et ailleurs (l'Italie est allée plus loin, elle fait intervenir le Tribunal de commerce), ne conviendrait-il pas d'instituer un bureau spécial des sociétés. Ce bureau, naturellement annexé au Tribunal de commerce, qui serait comme sa Cour d'appel, recueillerait tous les renseignements de la publicité, surveillerait les insertions dans les journaux, désignerait des experts, semblables à ces inspecteurs dont le Crédit foncier se sert pour apprécier la valeur des immeubles, sur lesquels on lui demande à emprunter. Les experts vérifieraient les souscriptions, les versements, les apports en nature, les avantages. L'assemblée générale statuerait d'après leur rapport, et nous verrions disparaître toutes ces nullités, qui sont un si grand obstacle au développement des sociétés et à la sécurité des fonds publics.

L'institution de ces experts présenterait surtout un grand avantage dans l'examen de ces sociétés dont les actions se souscrivent à huis clos entre fondateurs, qui donnent à leurs apports la valeur qui leur convient et qui grèvent la société des charges les plus écrasantes. Plus tard au moyen de prospectus mensongers, les actions s'écoulent avec de scandaleuses majorations. Grand danger qui serait conjuré par cet examen préalable obligatoire dans toute société.

Qu'on veuille bien le remarquer, le bureau des sociétés n'interviendrait dans les conventions particulières que dans la mesure où la loi se permet d'intervenir. Le législateur a tracé des règles ; l'administration constate si elles sont observées ; là se borne son rôle. Ne vaut-il pas mieux prévenir le mal que le punir plus tard ?

Où est l'inconvénient ? Il est à redouter, pourra-t-on dire, que l'instruction du bureau des sociétés n'entraîne avec elle l'un des inconvénients de l'ancien régime, de l'autorisation préalable : la lenteur administrative, si préjudiciable à tous les intérêts et principalement à ceux engagés dans la constitution des sociétés, puisque des fonds considérables sont versés sans emploi et sans revenus. Les Anglais, gens pratiques, ont compris l'écueil et comme, en définitive, il s'agit ici d'une vérification matérielle, ils ont indiqué un délai maximum dans lequel le bureau des sociétés doit faire son travail et, en cas d'inexécution dans le temps imparti, ils ont prescrit une pénalité pécuniaire pour toute contravention. Il y aurait là une innovation, qui pourrait peut-être être étendue dans notre droit à d'autres espèces et qui, en tous cas, serait, en matière de constitution de société, indispensable pour stimuler l'indifférence ou la paresse.

En résumé, 1° la loi de 1867 méritait le reproche d'avoir multiplié sans grand résultat les formalités à accomplir ; le système du projet de loi n'est donc pas acceptable, parce qu'il augmente les complications et plus inutilement encore ; 2° les législations étrangères ont toutes adopté un système plus simple, qui est à peu près le même partout ; il serait donc préférable de s'y rallier ; 3° enfin ce serait une amélioration désirable que d'instituer un bureau des sociétés, chargé entre autres fonctions, de constater l'accomplissement des formalités exigées par la loi dans la constitution des sociétés.

ARTICLE II

VIE SOCIALE

Il est un principe supérieur, incontestable autant qu'in-contesté, que toutes les législations reconnaissent comme fondamental, sans lequel on se heurterait à des complications continuelles, à des difficultés inextricables, qui, au contraire, une fois admis sert de règle, de guide et de lumière en toutes les circonstances. Comment la commission a-t-elle pu ne pas lui donner la première place dans son projet de loi? C'est certainement le plus grave reproche qu'on soit en droit de lui adresser.

Une fois constituée, la société devient une personne morale, *sui generis*, une individualité juridique, comme parle la loi belge, qui est assimilée à un commerçant ordinaire avec les mêmes droits à exercer, des obligations identiques à remplir. Mais cette personne artificielle (expression anglaise) est dans l'incapacité la plus absolue d'agir par elle-même; elle doit nécessairement agir par des organes que toutes les législations s'accordent à désigner sous le nom générique de *mandataires*, en leur attribuant les caractères juridiques qui s'attachent au mandat.

Il est bien évident que la société ne pourra subsister et prospérer, que si ses mandataires sont par eux-mêmes honnêtes, habiles et aptes à exercer les fonctions qui leur appartiennent, et si leurs attributions sont distinctes et coordonnées de telle sorte que chacun d'eux remplisse ses obligations sans empiétement comme sans défaillance.

C'est pour elle une question de premier ordre. Nous devons donc examiner avec la plus grande attention toutes les modifications que la commission propose d'apporter au caractère, aux pouvoirs et aux obligations des différentes classes de mandataires sociaux qui sont les administrateurs, les assemblées générales et les commissaires. Subsidiairement, nous dirons un mot des actionnaires.

Après les personnes, les choses : quelques dispositions nouvelles appelleront notre attention ; nous nous appesantirons particulièrement sur le chapitre des responsabilités civiles, dont le projet de loi a singulièrement diminué l'étendue et la sévérité.

§ 1er

DES ADMINISTRATEURS

L'article 14, qui définit les caractères juridiques des administrateurs, serait mieux à sa place après l'article 16, afin de réunir toutes les dispositions relatives à la constitution de la société pour ne traiter qu'ensuite de la vie sociale.

Après cette critique de détail, passons à l'examen du rôle que jouent les administrateurs dans une société. Il est prépondérant et on peut dire que sur eux se concentrent toutes les responsabilités. Il en résulte que la loi doit veiller à ce qu'ils offrent des garanties de bonne gestion, en sorte que les intérêts publics et particuliers ne soient pas lésés ; à ce qu'ils ne se rendent pas les maîtres absolus de la société au détriment des actionnaires. C'est pour ces motifs qu'ils sont nommés à *temps* et *révocables* afin qu'ils ne puissent pas s'imposer quand même ; qu'ils doivent être associés et propriétaires d'une quantité d'actions à déterminer par les statuts et déposées dans la caisse sociale ; qu'ils sont astreints à dresser et à présenter des états de situation à l'assemblée générale. La loi a dû prévoir le cas où leur intérêt personnel se trouverait en lutte avec leur position de mandataires ; elles les astreint à faire connaître à l'assemblée les opérations qu'ils ont faites dans cette situation délicate.

En résumé, les administrateurs sont responsables suivant les règles du mandat des fautes de leur gestion et en outre de toutes les infractions à la loi des sociétés.

Toutes ces règles appartiennent à la loi de 1867 et le projet n'y ajoute qu'une seule disposition obligeant les administrateurs à déposer leur rapport au siège social, trois jours avant l'assemblée générale à la disposition des actionnaires. Ce n'est pas trois jours, c'est quinze jours avant l'assemblée qu'il eût fallu dire : L'exercice dont traite le rapport est clos depuis quatre ou cinq mois ; le conseil a pu le préparer sans grande difficulté, et, d'autre part, comment veut-on que les actionnaires discutent utilement un rapport qui, jusqu'à présent, ne leur était connu que par une lecture rapide ?

La plupart de ces dispositions protectrices des droits de la société et de diverses classes d'intéressés, n'ont malheureusement pas de sanction, ce qui diminue considérablement leur autorité ; car le législateur, par son abstention, semble n'avoir pas attaché une grande importance à ces prescriptions. D'un autre côté, il n'arrivera que rarement qu'un actionnaire se décidera à en appeler à l'intervention des tribunaux, du parquet ou du commissaire de police, parce qu'on lui aura refusé la communication de certaines pièces.

Il est de toute nécessité que quelques sanctions même

sévères viennent rappeler à ceux qui seraient tentés de les violer, ces règles de conduite, ces défenses diverses qui ont le but excellent d'opposer un frein à l'arbitraire et à l'autocratie du conseil d'administration. Car, nous ne cesserons de le faire remarquer, c'est bien là le côté faible, le point vulnérable des sociétés : les administrateurs sont en fait des souverains absolus vis-à-vis des assemblées générales, dont la majorité leur est assurée ; vis-à-vis des commissaires, qui sont leurs amis et leurs créatures ; vis-à-vis enfin des actionnaires, qui n'ont d'action que dans des conditions difficiles, pour ne pas dire impossibles, à réunir.

A côté des administrateurs se rencontre souvent un personnage important, qui aurait dû appeler l'attention du projet de loi. La loi de 1867 ne parle que pour mémoire du directeur ; elle constate simplement qu'il pourra être pris en dehors des associés. La place considérable qu'il occupe aujourd'hui dans les sociétés réclamait une définition des caractères juridiques qu'il revêt suivant les circonstances. Lorsqu'il est mandataire au même degré que les administrateurs, ceux-ci ont-ils le droit et le devoir de surveiller ses agissements ? sont-ils responsables de ses actes ? Est-il comme eux révocable *ad nutum*, malgré toute convention contraire, ainsi que l'a décidé très formellement la Cour de cassation. La plupart des législations étrangères se sont occupées de ces questions ; nous citerons seulement le Code italien :

Art. 147. Si, par l'acte social ou par délibération de l'assemblée générale, l'exécution des opérations de la société est confiée à un directeur étranger au conseil d'administration, ce directeur sera responsable envers les sociétaires et envers les tiers..... Il sera soumis à l'autorité et à la surveillance des administrateurs.

Notons aussi à propos de la question assez controversée de la révocabilité *ad nutum* que plusieurs législations re-

connaissent le droit à une indemnité si elle a été stipulée
dans quelque acte conventionnel. (Code suisse, art. 647
et 650. — Code allem., art. 227.)

§ II

DES ASSEMBLÉES GÉNÉRALES

La commission s'est abstenue d'apporter aucune modification aux modes de convocation et de fonctionnement
des assemblées générales. Tout était-il donc pour le mieux?
Ou plutôt, puisqu'elle s'était proposé uniquement de courir au plus pressé, l'état de choses existant pouvait-il être
maintenu sans grand inconvénient ?

Nous ne le pensons pas : les assemblées générales qui
sont le pouvoir suprême et par excellence dans la société,
dont les délibérations exercent un empire souverain sur la
gestion des administrateurs, ne jouent en réalité qu'un
rôle insignifiant et effacé ; elles ne marchent que sous l'impulsion des administrateurs qui s'y assurent d'ordinaire
une majorité plus souple et plus obéissante qu'aucune de
celles dont il est parlé en politique.

Il n'y a qu'à voir ce qui se passe dans la pratique.
Lorsque le conseil d'administration convoque les actionnaires à une assemblée générale, il a soin d'adresser à chacun d'eux un *pouvoir en blanc* avec prière de le signer et
de le retourner, dans le cas où l'actionnaire ne pourrait
assister à la réunion ; sous prétexte qu'on serait exposé
autrement à ne pas réunir le nombre d'actions exigé par la
loi et les statuts. Sans plus réfléchir, celui-ci s'empresse de
répondre à cette invitation ; son pouvoir est confié par les
administrateurs à des amis et connaissances, et c'est par
là que se fait la majorité. Nous en appelons au témoignage

de tous ceux qui s'occupent de ces questions ; la réunion
d'une assemblée n'est-elle pas presque toujours une formalité dérisoire ? Les actionnaires entendent la lecture
d'un rapport sommaire, où le Conseil s'est bien gardé d'inscrire les fautes qu'il a commises, les échecs que ses com-
binaisons ont subis ; on leur communique le bilan composé de chiffres alignés avec un art trompeur ; les commissaires à leur tour lisent leur rapport, qui confirme avec
éloges pompeux celui des administrateurs ; puis après deux
ou trois observations écourtées, le conseil reçoit pleine
et entière approbation, et de cette manière nombre de sociétés courent à une ruine dont la rapidité et la profon-
deur les étonnent sans parvenir à leur dessiller les yeux.

Il ne nous serait pas bien difficile de prouver par des
exemples frappants, si notre critique ne devait pas à sa
dignité de rester impersonnelle, que, par suite de cette organisation défectueuse, de malheureux actionnaires se
trouvent journellement pris dans un engrenage dont ils
ne sauraient sortir, ni eux ni la société. Le Conseil d'administration se lance dans les entreprises les plus hasardeuses,
augmente ou diminue le capital social, décrète une fusion ;
tout sera voté par l'assemblée, en dépit de quelques voix
isolées et impuissantes qui ne peuvent que protester, comme
ces obligataires dont nous parlerons plus loin.

Qu'on veuille bien se rappeler ici toutes les précautions
que la loi a cru devoir prendre dans la constitution de la
société contre ses fondateurs, lorsqu'il s'agissait de l'approbation des avantages et des apports en nature. Défense à
eux de prendre part au vote ; par contre droit de vote à
tout souscripteur même d'une seule action.

La société fonctionne, son capital et ses destinées sont
à la merci des administrateurs ; mais la loi n'a plus de méfiance. Ils peuvent voter soit pour eux-mêmes, soit comme

6

mandataires dans l'approbation des comptes qu'ils ont dres-
sés, contre les téméraires qui tenteraient d'attaquer leur
gestion, tandis qu'on a pris soin d'écarter des assemblées
le peuple des actionnaires, afin que rien ne trouble leur tran-
quillité.

Les législations étrangères, plus prévoyantes que la nôtre,
ont eu le soin de parer à de telles éventualités. La loi s'exprime ainsi :

Art. 61. — Tous les actionnaires ont, nonobstant toute disposition contraire, mais en se conformant aux règles des statuts, le
droit de voter par eux-mêmes ou par mandataire. — Nul ne peut
prendre part au vote pour un nombre d'actions dépassant la cinquième partie des actions émises ou les deux cinquièmes des actions par lesquelles il est pris part au vote.

Cette disposition de la loi belge est elle-même empruntée au droit anglais, d'après lequel chaque associé a un vote
par action jusqu'à dix ; au delà un vote par cinq actions
jusqu'à cent ; au-dessus de cent par dix actions. En outre,
tout actionnaire peut se faire représenter par un mandataire, même étranger à la société. (Art. 1862.)

Les Codes suisse et italien accordent également l'entrée
et le droit de vote dans l'assemblée à tout actionnaire. Le
projet autrichien a trouvé quelque chose de plus compliqué ; après avoir émis le principe des législations que nous
venons de nommer, il permet de le restreindre par les statuts dans l'application ; mais dans ce cas ceux qui n'ont
pas individuellement le nombre d'actions exigé, peuvent
se grouper et choisir un mandataire pour les représenter.

Nous devons surtout faire remarquer que le Code allemand (art. 239), le Code suisse (art. 655) et le Code italien
(art. 159), trois législations de premier ordre, s'accordent
pour refuser le droit de voter aux administrateurs dans

l'approbation du bilan. On sait qu'en France la Cour de cassation s'est prononcée en sens contraire. Sans vouloir discuter ici la valeur des arguments qui militent pour et contre, nous n'hésitons pas à nous ranger du côté des législations étrangères, en raison surtout de l'influence trop grande dont jouissent les administrateurs sur les assemblées générales.

Nous ne sommes pas sans savoir ce qui se dit à l'encontre de l'introduction de tous les actionnaires à l'assemblée et de ces restrictions apportées aux droits des administrateurs. Les réunions deviendront tumultueuses, interminables et l'administration même souvent ne sera plus possible. Ce sont en effet des inconvénients sérieux, moindres toutefois que ceux que nous voudrions voir conjurés. L'expérience a démontré que les assemblées sont rarement en nombre sur une première convocation, parce que les actionnaires mettent peu de zèle à y répondre. Après tout si la réunion d'une assemblée n'est qu'une formalité ; si ses membres n'ont d'autre chose à y faire que de dire *amen* à toutes les volontés des administrateurs, pourquoi les convoquer ? Les assemblées générales, est-il admis universellement, se comportent comme tous les corps délibérants ; or qu'arriverait-il si les membres d'une chambre des députés ne connaissaient les affaires qu'en séance publique, sans discussion préparatoire dans les bureaux? Il importe donc au moins d'atténuer les inconvénients de la situation qui est faite aux assemblées générales, fallût-il au besoin donner quelque prépondérance à une minorité d'ailleurs trop impuissante. Le projet de loi nous en a fourni un exemple lorsqu'il a statué que le quart des actionnaires présents à une assemblée constitutive suffit pour déterminer le renvoi à des experts nommés par le président du Tribunal de commerce. (Art. 9 et 11.)

Il nous reste à citer pour les approuver à peu près sans contradiction deux modifications apportées à l'économie des assemblées générales extraordinaires. La première comble une lacune de la loi de 1867 : désormais lorsqu'une première convocation n'aura pas réuni le nombre d'actionnaires voulus, au lieu de réitérer les appels à l'infini, les actionnaires présents prendront une délibération provisoire que rendra définitive une seconde assemblée, représentant au moins le cinquième du capital social.

Depuis 1867 jusqu'en 1875, époque où un arrêt de la cour de Paris donna quelque fixité à la jurisprudence, c'était une question fort controversée de décider quelle sorte de modifications les assemblées extraordinaires pouvaient introduire dans l'économie de la société. Le projet de loi traduit à peu près les décisions qui avaient été prises en dernier lieu. 1° Ces assemblées ne peuvent jamais changer l'objet essentiel de la société. Mais si d'ailleurs les statuts le permettent *expressément,* elles peuvent : 2° augmenter ou diminuer le capital social ; 3° prolonger ou réduire la durée de la société ; 4° changer la quotité de la perte qui rend la dissolution obligatoire ; 5° décider la fusion avec une autre société ; 6° et enfin modifier le partage des bénéfices. Cette dernière formule ne nous paraît pas assez exacte. On nous dit que le projet de loi s'est proposé seulement de défendre la création des actions de privilège et de priorité, en l'absence d'une autorisation des statuts ; alors l'expression dépasse sa pensée ; car on peut craindre qu'on ne s'en autorise pour modifier le partage des bénéfices au préjudice de ceux qui ont reçu des avantages particuliers. Cette réduction ne serait pas licite, car elle léserait des droits acquis par des personnes étrangères souvent à la société.

§ III

DES COMMISSAIRES

La loi de 1867 a organisé dans les sociétés anonymes un contrôle et une surveillance d'un caractère plus restreint que dans la commandite par actions. Il eût été plus rationnel, au contraire, de témoigner plus de confiance au gérant, associé responsable indéfiniment, qu'à l'administrateur, mandataire sans responsabilité personnelle. Ce qu'il eût été préférable de faire, et ce que nous voudrions voir proposé par le projet de loi, ce serait d'appliquer la surveillance, telle qu'elle est organisée dans les commandites, aux sociétés anonymes. Cette assimilation aurait l'avantage très appréciable de simplifier la loi. Les législations étrangères nous en ont donné l'exemple, du moins en ce qui concerne la surveillance proprement dite ; car la loi belge et le Code suisse ont cru devoir accorder aux conseils de surveillance dans les commandites une certaine ingérence et une certaine action administratives qui ont surtout le défaut d'être contraires à toutes les traditions juridiques.

Notre projet de loi a fait un pas en avant ; les commissaires nommés par l'assemblée générale constituée doivent vérifier si toutes les formalités et les prescriptions légales relatives à la constitution de la société, ont été observées ; c'est ce que doit faire le conseil de surveillance dans la commandite. Il eût fallu ne pas s'arrêter en si beau chemin, et non seulement permettre, mais donner ordre aux commissaires d'inspecter les livres, la caisse, le portefeuille, *au moins* tous les trimestres, de suivre avec sollicitude la marche de l'administration ; c'est le seul moyen d'arriver à un contrôle efficace.

Que peut-on craindre? l'intervention trop fréquente et gênante des commissaires dans l'administration. Ce n'est pas le danger : il faut bien en convenir, le grand défaut de l'institution, c'est précisément le trop bon accord qui règne entre les commissaires et les administrateurs dont ils sont presque toujours les amis et les créatures.

Le Code italien statue que nul ne pourra être syndic (commissaire), s'il est parent ou allié d'un administrateur jusqu'au quatrième degré. Plût à Dieu qu'on pût étendre cette défense aux amis de tous les degrés, afin que les commissaires fussent véritablement les représentants des actionnaires. Mais nous sommes forcés d'en convenir, c'est un défaut inhérent à l'institution. Après tout, ce qu'il y a de mieux à faire, c'est d'agrandir le cercle de leurs attributions ; augmenter leurs responsabilités, n'est-ce pas le moyen d'accroître leur indépendance?

§ IV

DES ACTIONNAIRES

C'est une des grandes difficultés du système des sociétés par actions que de déterminer la situation de l'actionnaire isolé en regard de l'administration sociale. S'il importe d'éviter qu'il intervienne trop aisément dans les affaires, il ne serait pas moins convenable de ne pas l'annihiler complètement, et de le laisser jouir de son droit strict d'associé, en lui réservant une part quelconque, fût-elle infiniment petite, à l'action dirigeante de la société. Jusqu'à présent, on ne lui a laissé qu'un rôle purement passif; il subit les destinées de la société à laquelle il s'est attaché. Aucune législation n'a trouvé le secret de résoudre le problème d'une manière satisfaisante; car celles-là même qui lui réservent une action individuelle contre les mandataires sociaux, la basent en principe sur cette réparation dont chacun est tenu pour le dommage qu'il a causé, c'est tout simplement une application des règles du droit commun. (1382 C. civ.)

Nous devons pourtant signaler quelques efforts qui ont été faits dans le sens que nous indiquons. Nous avons vu, au paragraphe des Assemblées générales, que les lois étrangères décrétaient l'entrée à toutes les assemblées pour tout actionnaire, même possesseur d'une seule action. Rien ne nous paraît plus juste, et il nous semble qu'un actionnaire qui a le droit de prendre part aux délibérations de l'assemblée, sera moins disposé à se plaindre lorsque les affaires prendront une mauvaise tournure.

Le Code suisse statue que les actionnaires, à qui notification doit être faite de la mise à leur disposition de l'inventaire et du bilan, ont le droit de signaler individuellement aux commissaires les points qui leur paraissent douteux, pour obtenir des éclaircissements. (Art. 641.) Le Code italien plus novateur établit nettement le droit de tout associé à faire opposition contre une délibération de l'assemblée générale qui serait manifestement contraire aux statuts. (Art. 162.) Cet article se trouvait déjà dans la loi belge (64); mais ce qui est particulier au Code italien, c'est la permission accordée aux actionnaires de se retirer de la société, après remboursement des actions qu'ils possèdent au prorata de l'actif social, lorsque l'assemblée générale extraordinaire, composée par les possesseurs des trois quarts du capital social, aura décidé, en l'absence de toute stipulation des statuts, la fusion avec une autre société, la réintégration du capital social ou son augmentation, et enfin le changement de l'objet de la société.

C'est bien quelque chose que le droit de s'en aller ; que d'actionnaires en France voudraient l'avoir aujourd'hui !

Impuissantes à protéger les individus, les législations ont du moins tenté d'établir quelques privilèges en faveur de minorités plus ou moins considérables. Toutes permettent au cinquième, au huitième, au dixième, la loi française plus libérale va jusqu'au vingtième du capital social, d'intenter une action contre les mandataires de la société. Mais dans les compagnies, aujourd'hui assez nombreuses, constituées au capital de cinquante à cent millions, le vingtième représente de deux à cinq millions ; pratiquement il est très difficile de grouper le nombre d'actionnaires que ce chiffre représente.

Quoique le projet de loi se soit abstenu de toucher à ces questions, nous avons cru utile d'en glisser un mot, puisqu'elles se trouvaient sur notre chemin. De tout ce que nous avons dit, il résulte que les assemblées générales sont très souvent dans l'impuissance de se servir du pouvoir supérieur et absolu qu'elles possèdent ; que les commissaires n'ont pas assez d'indépendance pour contrôler et surveiller utilement ; que les actionnaires, comme individus, ne peuvent rien, et qu'à l'état de minorité, leur entente est presque impossible dans la pratique. A d'autres de tirer les conclusions ; il nous suffit d'avoir indiqué le côté d'où vient le danger.

§ V

ADMINISTRATION SOCIALE

Sous ce titre nous allons passer en revue quelques innovations proposées par le projet de loi ; elles sont relatives à certaines questions de fonctionnement de la société et elles ont pour but de trancher des controverses et des discussions assez importantes qui se sont élevées depuis la loi de 1867.

1° *Intérêts distribués aux actionnaires en dehors de tout bénéfice*. — Il est contraire aux principes primordiaux de la société de distribuer des bénéfices avant la dissolution et la liquidation du patrimoine social, car seulement alors ces bénéfices sont assurés. Les nécessités du commerce ont fait fléchir cette règle absolue, et il est admis aujourd'hui sans conteste, surtout dans les sociétés par actions, que les profits peuvent être distribués annuellement. Mais encore faut-il qu'il y ait bénéfice ; autrement toute distribution aura pour effet de diminuer le capital social. Malgré la logique de cette conséquence, la loi et la jurisprudence françaises permettaient la distribution des intérêts et la tolérance dépassait la mesure ; le projet de loi a donc parfaitement raison de réglementer cet usage d'une manière équitable. Il ne fallait pas songer à le supprimer ; toutes les législations ont été forcées de reconnaître qu'il est excessivement utile aux compagnies qui ont à traverser une période plus ou moins longue de premier établissement. Les capitaux s'éloigneraient d'elles et il lui serait souvent impossible de traverser le temps plus ou moins long qui la sépare d'une exploitation fructueuse. Elles s'accordent à autoriser la distribution d'intérêts pendant la période de premier établissement que le Code italien fixe à trois ans au plus.

Le projet de loi, en adoptant cette disposition des lois étrangères, ne s'est pas demandé s'il ne conviendrait pas de reconstituer le capital diminué pendant cette période infructueuse, avant toute distribution de dividendes. On eût pu tout au moins exiger le doublement du quantum exigé pour la réserve annuelle par l'article 28 jusqu'à concurrence de la reconstitution du capital.

2° *Titres sortis d'un tirage*. — *Intérêts et dividendes*. — Désormais lorsqu'un titre quelconque sera devenu remboursable par suite d'un tirage au sort, la société qui en sera débitrice, devra veiller à ne plus laisser percevoir aucun intérêt ni aucun dividende sur ce titre ; car elle n'aura plus le droit d'en faire la retenue lorsque le titre lui sera enfin présenté. C'est là une de ces questions qu'il importe peu de trancher dans un sens ou dans un autre, mais qui doivent être définies ; nous ne pouvons donc qu'approuver le projet de loi.

3° *Augmentation du capital.* — La question des formalités à remplir en cas d'augmentation du capital était fort controversée; on comptait jusqu'à trois opinions. Le projet de loi a choisi celle que nous avons soutenue autrefois, parce qu'elle nous semblait la plus logique. Les formalités doivent être les mêmes pour augmenter que pour constituer le capital ; les mêmes aussi seront les objections que nous avons présentées à ce sujet dans notre premier article. On voudra bien s'y reporter.

4° *Rachat de ses propres actions par la société.* — Les législations s'opposent au rachat par la société de ses propres actions pour deux motifs différents : 1° parce que ce rachat constitue une diminution du capital : 2° parce qu'il se prête à des spéculations dangereuses.

Examinons la question sous ces deux points de vues. 1° L'exposé des motifs en tête du Code allemand s'exprimait en ces termes :

Le rachat de ses propres actions par une société au moyen soit du fonds de réserve, soit des bénéfices, est de lui-même contraire à l'essence de la société. Les actions déterminent la proportion dans laquelle les actionnaires sont intéressés individuellement à la société, et il ne peut se faire que celle-ci revête à la fois le caractère de personne juridique, distincte des individus qui la composent, et la qualité d'actionnaire. L'administration pourrait faire des actions rachetées un usage qui présenterait de graves difficultés.

Voilà le côté abstrait et philosophique que nous rappellerons pour discuter l'article 34.

La jurisprudence française de son côté est allée droit au fait : elle a bien des fois posé en principe que le rachat constitue une diminution de capital et que toute convention de cette nature est radicalement nulle pour motif d'intérêt général. (S. 70, 2, 319. — S. 68, 1, 241.) Constatons toutefois que, depuis, sa rigueur s'est beaucoup adoucie.

Il est certainement difficile de contester la vérité de ce principe général : le rachat des actions constitue une diminution de capital ; mais il n'y a peut-être pas de matière en droit où les principes fléchissent plus fréquemment que dans les sociétés commerciales. Tandis qu'ailleurs rien ne se fait par soubresaut ou par usages, que tout au contraire marche de déduction en déduction et procède de principes juridiques fermement établis, ici il faut à chaque instant tourner, analyser, disséquer les principes et en tirer tout ce qu'une règle peut contenir d'exceptions. En conséquence, ce principe supérieur qui motive la défense du rachat des actions, est sauvegardé et la défense est inscrite dans la loi. Mais serait-il juste de la maintenir lorsque la société en réalité ne diminue pas son capital ou lorsque cette réduction s'opère conformément à la loi ou aux statuts ? Non incontestablement. Or une société ne diminue pas son capital lorsqu'elle rachète sur ses bénéfices, et s'il y a en réalité réduction de capital, pourvu que tout se fasse dans les règles, on ne va point contre la défense générale.

En conséquence le projet de loi s'exprime ainsi :

Il est interdit à la société d'acheter ses propres actions, sauf dans les cas suivants :

1° Lorsque ce rachat porte sur des actions libérées et se fait avec autorisation de l'assemblée générale, au moyen de bénéfices ou réserves, en dehors de la réserve statutaire ;

2° Lorsqu'il est fait pour un amortissement prévu par les statuts ;

3° Lorsque ce rachat se faisant avec une portion du capital social toutes les conditions et formalités prescrites pour la réduction de ce capital ont été remplies.

Si maintenant nous rapprochons ce texte des dispositions des lois étrangères, nous devrons constater avant tout que, si elles sont unanimes à reconnaître le principe, en revanche elles n'accusent jamais autant de divergences entre elles relativement aux exceptions qu'elles établissent.

Le rachat des actions au moyen des bénéfices se retrouve dans la loi belge (art. 134) et dans le Code italien (art. 143), avec ces différences que la première n'exige pas que les actions soient libérées, en quoi elle a tort incontestablement, et que ni l'une ni l'autre n'ont songé à exclure de la tolérance la réserve statutaire, disposition vraiment louable du projet français.

La loi suisse permet le rachat en vue d'un amortissement prévu par les statuts (art. 628) ; elle suit en ce point le Code allemand, d'ailleurs le plus sévère de tous ; c'est la seule exception qu'il tolère à la règle générale (art. 215).

Enfin il n'est certes pas un cas où le rachat soit plus licite que s'il est fait en suite d'une diminution de capital exécutée conformément à la loi et aux statuts, et cependant nous ne le trouvons autorisé que par le Code suisse et le projet autrichien. Au fond, le Code allemand ne veut pas dire autre chose, quoiqu'il s'exprime d'une manière différente. Il est vrai que ce même Code ne veut pas plus que la loi allemande permettre le rachat au moyen des bénéfices et nous dirons pourquoi nous sommes tenté de nous ranger de leur avis. Mais en même temps, plus explicite et plus libéral que les autres législations, le premier autorise encore le rachat dans deux cas particuliers : 1° lorsque l'acquisition est la conséquence de poursuites faites par la société en vue d'obtenir payement de ses créances ; 2° lorsque le rachat se rattache à une série d'opérations rentrant d'après les statuts dans l'objet de l'entreprise. Nous recommandons ces deux dispositions à l'attention de nos légistes ; elles ont leur raison d'être ; elles ne se présentent qu'à titre d'exceptions particulières et la portée qu'elles pourraient avoir se trouve amoindrie par l'obligation de revendre les titres immédiatement.

Cette clause nous amène naturellement à étudier les conditions imposées à ces diverses exceptions. Notre projet de loi veut que les actions soient annulées lorsque leur rachat a eu lieu pour amortissement ou pour diminution du capital ; le Code suisse, très prévoyant sous ce rapport, impose la même obligation. Mais notre projet est seul à statuer que la nullité des achats faits en des conditions légales, ne sera prononcée qu'en cas de mauvaise foi du vendeur ; on ne pouvait dire mieux ni autrement en tenant compte du mode dont les titres se négocient d'ordinaire. En tous les cas, les administrateurs seront responsables, et c'est justice. (Art. 35).

Nous passons au second motif qui rend les législations si peu favorables au rachat des actions. Ce rachat peut donner lieu à la spéculation la plus effrénée.

Il ne faut pas se le dissimuler ; si en France particulièrement les pertes sur les valeurs mobilières ont dépassé toute mesure et toute prévision dans ces années dernières ; si l'ébranlement causé par le krack de 1882 a compromis des intérêts majeurs et d'ordre général ; si le public retire de plus en plus aux titres des sociétés sa confiance, dont elles ont trop abusé ; c'est à la spéculation, à tous ces syndicats à la hausse ou à la baisse, dont le résultat était infailliblement de tromper les gens honnêtes au profit des gens plus ou moins honorables, qu'il faut en faire remonter la véritable cause.

Malheureusement le centre de toutes ces machinations est presque toujours l'administration des sociétés. Les administrateurs des compagnies financières, commerciales ou industrielles se partagent en deux classes bien tranchées par leurs tendances et leur façon d'agir. Les uns ne cherchent les bénéfices que dans l'objet même de l'entreprise ; s'ils ont conscience de leur incompétence , ils s'entourent d'hommes spéciaux et ne se préoccupent que secondairement des fluctuations de la bourse. Les autres ne voient et n'ont jamais vu dans la société dont ils sont les mandataires, qu'un moyen de spéculation sur les titres qu'elle a émis. Que leur importe l'objet principal, pourvu que les actions éprouvent des mouvements de hausse et de baisse dont ils pourront profiter en connaissance de cause. De là des reports, des positions à la bourse, des syndicats qui impriment une valeur factice aux titres les plus dépréciés pour leur ramener la faveur du public.

Qui ne voit que c'est là le plus grand danger pour les sociétés et combien il serait important d'écarter tous les moyens de spéculation dont pourraient abuser les administrateurs. Au lieu de rechercher le remède préventif à de pareils maux, voilà que vous proposez d'autoriser le rachat des actions au moyen des bénéfices sans imposer l'obligation de les annuler immédiatement ; en agissant ainsi vous mettez entre les mains de cette classe trop nombreuse d'administrateurs des armes dangereuses dont ils abuseront, soyez-en assurés. L'exposé des motifs du Code allemand vous dit avec raison que « l'administration pourrait faire des actions rachetées un usage qui présenterait de graves difficultés ».

Nous approuvons donc la sagesse de ce Code, qui inter-

dit absolument le rachat dans ces conditions, et du Code
suisse qui, contraint et forcé pour ainsi dire de tolérer le
rachat dans certaines autres circonstances données, impose l'alternative d'annuler les titres ou de les revendre
immédiatement.

Non content d'avoir accordé une tolérance si déplorable,
notre projet de loi a été plus loin encore, et nous avouons
notre étonnement qu'une commission, si sage, si éclairée
et si prudente d'ailleurs, ait pu laisser l'article 34.

Nous le citerons en entier :

Les actions rachetées par une société qui ne doivent pas être
annulées, peuvent être représentées à l'assemblée générale des
actionnaires et comptées dans la composition de la majorité nécessaire ; mais il n'y est pas attaché de droit de vote, sauf les cas de
liquidation de la société ou de réduction du capital social.

Cet article constitue, à notre sentiment, une hérésie juridique des mieux caractérisées. L'exposé des motifs du Code
allemand que nous avons cité, pose en thèse que le rachat
de ses propres actions par la société est contraire à l'essence d'une société. Les actions déterminent la proportion
dans laquelle les actionnaires sont intéressés individuellement à la société, et *il ne peut se faire* que celle-ci revête
à la fois le caractère de personne juridique, distincte des
individus qui la composent, et la qualité d'actionnaire. C'est
bien clair, nous semble-t-il : la société ne peut pas être sa
propre actionnaire; pas plus qu'on ne saurait être créancier et débiteur de la même somme.

Et pourtant nous-même autrefois, considérant la situation faite à l'action dans les affaires, nous avons soutenu
l'opinion qu'elle était devenue, comme le billet de banque,
une valeur générale fiduciaire d'échange et qu'alors peu importait la société qui l'avait émise. Nous avions tort contre

les principes ; mais les usages nous semblaient autoriser une dérogation formelle aux conséquences qu'il convenait d'en tirer dans la pratique.

Mais le projet de loi est bien autrement audacieux ; non seulement il accepte cette idée illogique de la société sa propre actionnaire ; mais il veut encore qu'elle assiste et qu'elle vote dans ses assemblées générales. Mais comment y assistera-t-elle ? par mandataires évidemment ; — qui désignera ces mandataires ? — Elle-même ; mais elle n'a d'action de mandante que par l'assemblée générale ; nous tombons alors dans un cercle vicieux.

Voilà ce que disent les principes ; examinons maintenant ce qui découlera de leur application.

Il arrivera d'abord que, dans une société qui aura racheté le quart du capital au moyen des bénéfices, ce qui pourra se présenter assez souvent, un ou deux actionnaires ou le conseil d'administration tout seul pourra tenir l'assemblée générale ordinaire ; que l'appoint en toute circonstance des titres rachetés aura pour effet d'enlever à l'assemblée le peu de pouvoir qu'on avait cherché à lui conserver par les prescriptions relatives à la présence des représentants du quart ou de la moitié du capital social ; que les résolutions les plus importantes sont prises par une infime minorité.

Et quand il s'agira du vote, ce sera bien autre chose ; les liquidations avant terme, les réductions de capital proviennent presque toujours des agissements des administrateurs ; c'est alors qu'ils ont besoin d'être le plus surveillés, le projet de loi a la précaution, au contraire, de leur assurer une majorité complaisante ; ils sont assurés d'avoir toujours le quitus de l'assemblée générale.

Ensuite, que veulent dire ces expressions : *sauf le cas de liquidation de la société ou de réduction de capital.*

Est-ce pour décider ces questions ou lorsqu'elles sont déjà tranchées, que la société aura le droit de vote à l'assemblée générale des actionnaires.

En résumé, bouleversement de tous les principes, conséquences les plus désastreuses pour la société : tel est l'article 34 ; c'est certainement par distraction qu'il a été inséré au projet de loi.

Dans toute cette question, si difficile et si ardue du rachat des actions, il n'a rien été dit des avances faites par une société sur ses propres titres. Le Code suisse permet d'en faire ; mais le code italien le défend, et les principes généraux y répugnent. Ordinairement le gage qui se donne en garantie d'une avance, a une valeur certaine et déterminée par lui-même ; dans l'espèce, le gage ne vaut que par le crédit de la société, lequel se traduit par le prix de l'action ; en sorte que, pour ainsi dire, c'est la société qui se garantit-elle-même.

Sans vouloir nous prononcer d'une manière absolue, il nous semble que la loi pourrait autoriser explicitement les avances sur titres de la société dans les [compagnies qui ont pour objet cette sorte d'opérations. D'ailleurs, elle ferait bien de l'interdire aux autres en raison des dangers de fraude que cette opération peut présenter.

De tout ce que nous avons dit sur le rachat des actions, il ressort une vérité importante dont les législateurs doivent se pénétrer profondément ; c'est la nécessité d'éloigner la spéculation des conseils d'administration. La loi ne croit pas devoir interdire absolumnnt les syndicats ; soit : mais au moins qu'elle défende, sous des peines sévères aux administrateurs de faire partie d'aucun syndicat engagé sur les titres de la société qu'ils gouvernent. L'intérêt général et particulier, le bien public le réclament et l'exigent.

7

§ VI

DES NULLITÉS ET DES RESPONSABILITÉS

On a beaucoup remarqué l'année dernière la tentative faite par quelques jurisconsultes des plus distingués de la Belgique, au nombre desquels il faut signaler MM. Pirmez et Guillery, qui ont présidé si utilement à l'élaboration de la loi de 1873 sur les sociétés. Il s'agissait de diminuer, sinon de supprimer les nullités dans les sociétés. Nul résultat ne serait plus désirable. Mais serait-il possible d'y arriver?

Ne pourrait-on au moins faire disparaître quelques nullités, dont les effets ne sont pas en rapport avec les causes souvent légères qui les produisent. Voici, par exemple, le nouvel article 2 du projet :

La société ne peut être constituée, si le nombre des associés est inférieur à sept.

Il suffit d'indiquer l'origine de cette disposition pour en mesurer l'importance. Dès 1862, la loi anglaise avait compris la nécessité de former des sociétés à responsabilité limitée. Les anciennes associations pour la banque ne pouvaient se composer de plus de six associés ; on partit donc du nombre de sept sociétaires au moins dans les nouvelles sociétés. En 1863, en présence des plaintes qui se produisaient contre la loi de 1856, on voulut imiter chez nous la loi anglaise. On lui emprunta donc son nombre de sept associés, qui depuis semble être devenu comme un principe fondamental de la société anonyme. Il serait difficile de prouver que cette prescription est d'une grande importance, elle n'a pas cours dans la commandite par actions;

et la société anonyme elle-même peut fonctionner assez longtemps avec un chiffre d'actionnaires descendu au-dessous de sept.

Une disposition d'une importance aussi douteuse suffit pourtant pour motiver une responsabilité sévère contre les fondateurs. L'annulation est toujours un fait grave dont les conséquences retombent directement ou indirectement, non seulement sur les mandataires sociaux et sur la société elle-même, mais encore sur une foule d'intéressés en relation d'affaires avec elle. Il faudrait donc pour la motiver des raisons plus sérieuses que la prescription de cet article 2.

La plupart des autres législations sont parvenues à atté-nuer les effets désastreux des prescriptions entraînant la nullité soit au moyen d'une inspection qui se fait au bureau des sociétés, soit en donnant une légalisation à la société par une décision judiciaire, comme cela se pratique en Italie.

Un bureau de sociétés, mieux que les fondateurs, mieux que les assemblées générales mieux que les administrateurs et les commissaires, serait en mesure de constater l'ab-sence de toute cause de nullité dans les sociétés.

Il n'entrait pas dans les attributions de la commission qui a préparé le projet de loi de supprimer les nullités ; mais elle a cherché les moyens d'atténuer les conséquences rigoureuses de l'annulation en diminuant le fardeau des responsabilités et en laissant beaucoup à l'appréciation des tribunaux. Dans ce but elle a refait l'article 42 de la loi de 1867.

Cet article 42 était ainsi rédigé :

Lorsque la nullité de la société ou des actes et délibérations a été prononcée aux termes de l'article précédent, les fondateurs auxquels la nullité est imputable, et les administrateurs en fonction, au mo-ment où elle a été encourue, sont responsables solidairement envers les tiers, sans préjudice des droits des actionnaires.

La même responsabilité solidaire pourra être prononcée contre ceux des associés dont les apports en nature ou les avantages n'auraient pas été vérifiés et approuvés conformément à l'article 4.

Nous retrouvons dans cet article deux sortes de nullité : nullité de la société ou (nullité) des actes et délibérations. La force de la disjonction aurait dû rendre facile l'interprétation de la phrase. Aussi, avons-nous toujours soutenu, en nous appuyant, non seulement sur la grammaire, mais encore sur les préliminaires de la loi, qu'il fallait lire : 1° Lorsque la nullité de la société a été prononcée, les fondateurs sont responsables ; 2° lorsque la nullité des actes et délibérations a été prononcée, les administrateurs en fonctions, au moment où elle a été encourue, sont responsables. (Voir : *Traité des sociétés commerciales*, n. 463.)

Mais, un grand nombre d'auteurs et la jurisprudence à peu près tout entière ont voulu comprendre parmi les responsables de la nullité de la société, les administrateurs nommés par les statuts ou par l'assemblée générale constitutive.

Des logiciens à outrance se sont même rencontrés qui ont prétendu que les fondateurs étaient, solidairement avec les administrateurs, responsables des nullités d'actes et délibérations au cours de la vie sociale.

Un texte qui se prête à des interprétations si différentes, alors qu'il a pour conséquence de s'attaquer à la fortune entière d'un homme souvent honorable, ne pouvait être maintenu dans la loi, et c'est le premier motif de la modification que le projet de loi fait subir à l'article 42 ancien.

De plus, cet article poussait tout à l'extrême ; par le fait de l'annulation de la société ou même des actes et délibérations, le juge se croyait obligé de déclarer la responsabilité solidaire des fondateurs et administrateurs ; et cette responsabilité sans limites s'étendait à tout le passif social, sans préjudice de la réparation des dommages causés aux actionnaires. La loi n'avait pas admis de distinction entre les personnes, ni fait la part de leur intervention plus ou moins considérable ; et en outre n'avait pas voulu considérer si toute la dette provenait bien de la nullité. Tels étaient les défauts de l'ancien article 42.

Voici les nouvelles dispositions du projet.

Le nouvel article 41 contient un second alinéa qui ne se rencontrait pas dans la loi de 1867. — Il est ainsi rédigé.

Art. 41. Est nulle et de nul effet à l'égard des intéressés toute société constituée contrairement aux dispositions des articles 2, 3, 5, 9, 10, 11, 14, 15.

Sont également nuls tous actes et délibérations ayant pour objet l'augmentation du capital social effectués contrairement à l'article 32.

Il résulte clairement de cet article qu'il y a lieu de distinguer entre la nullité de la société qui se produit à son origine, et la nullité des actes et délibérations, ayant pour objet l'augmentation du capital social, ou d'autres modifications sociales.

Cette même distinction se reproduit, quoique d'une façon moins précise, à l'article 42 :

Art. 42. Lorsque la nullité de la société a été prononcée en vertu des dispositions de la présente loi, les fondateurs auxquels elle est imputable, sont solidairement responsables, à l'égard des tiers ou des actionnaires, du dommage résultant de cette annulation.

La même responsabilité solidaire peut être appliquée contre les administrateurs en fonctions au moment où la nullité a été encourue.

Enfin l'article 44 semble avoir été rédigé dans la même pensée.

Art. 44. L'action en nullité et l'action en responsabilité qui résultent de cette nullité, ne sont pas recevables trois ans après la constitution de la société, lorsqu'avant l'introduction de la demande la cause de nullité a cessé d'exister.

Lorsque les causes de nullité des actes ou délibérations sont postérieures à la constitution de la société, les actions ne sont plus recevables trois ans après le jour où la nullité a été encourue.

Ne paraît-il pas résulter du rapprochement de ces trois articles que, de même que les trois premiers paragraphes des articles 41, 42 et 44 sont corrélatifs et s'appliquent à la nullité de la société, de même les trois seconds concordent les uns avec les autres et ont trait aux nullités des actes et délibérations. En conséquence, à l'article 42, § 2, il faut lire :

La même responsabilité solidaire peut être appliquée contre les administrateurs en fonctions au moment où la nullité *des actes et délibérations* a été encourue.

Rien ne nous paraît plus rationnel et plus logique que cette interprétation. La grammaire s'accorde avec la justice et le bon sens pour l'imposer. Comment donc arrive-t-il que l'exposé des motifs s'attarde à donner une explication conforme à la doctrine de la Cour de Paris que nous avons indiquée plus haut ?

Nous répondrons toujours : Peut-on dire que les premiers administrateurs, soit ceux qui sont désignés par les statuts, soit ceux qui sont nommés par l'assemblée constitutive, sont en fonctions au moment où la nullité d'origine est encourue ? Quand les nullités se produisent pendant la période de constitution sociale, il n'y a alors que des fondateurs, les administrateurs ne sont pas contemporains des nullités d'origine, et comme l'agneau de la fable, ils peuvent dire :

Comment l'aurais-je fait si je n'étais pas né ?

Une disposition nouvelle, introduite par le projet de loi, achèvera de bien faire comprendre comment doivent se distribuer les responsabilités. Sous le régime de la loi de 1867, la publicité se faisait pendant le premier mois de la constitution de la société. Suivant le projet, elle se fera en deux fois lorsqu'il y aura souscription publique : 1° dix jours avant cette souscription, le projet d'acte de société sera publié ; 2° les autres actes de la publicité continueront à se faire pendant le premier mois de la constitution. L'omission de l'une ou de l'autre de ces publications est une cause de nullité. Dira-t-on que les administrateurs sont responsables de la première ? Ce serait aussi injuste que de soutenir que les fondateurs sont responsables de la seconde.

La conclusion est à présent facile à tirer. Il faudrait dans le projet un article 42 plus précis, et rédigé en ce sens :

Les fondateurs sont responsables solidairement des nullités qui se sont produites dans la constitution de la société. (C'est là une responsabilité absolue.)

Les assurés, qui ont fait des apports en nature ou reçu des avantages, peuvent être déclarés responsables des dommages qui dérivent de la non-approbation des apports ou avantages (cette responsabilité est limitée et facultative).

Les administrateurs en fonctions au moment où se produit une délibération ou un acte nul au cours de la société sont responsables solidairement.

Le projet de loi dit, il est vrai :

La même responsabilité solidaire peut être appliquée contre les administrateurs.

A notre sentiment, la formule n'est ni exacte ni juste, les administrateurs doivent être responsables au même titre que les fondateurs. S'il s'agit d'une nullité des actes et délibérations, encourue au cours de la vie sociale, l'identité de situation doit amener l'identité de responsabilité. Mais pourquoi et à quel titre une responsabilité solidaire serait-elle appliquée aux administrateurs pour des actes qu'ils n'étaient pas chargés d'accomplir ?

La modification la plus essentielle apportée à l'article 42 consiste dans la limitation de la responsabilité. Désormais le juge appréciera le dommage causé par l'annulation, et il pourra toujours écarter une responsabilité qui n'en découlerait pas directement.

Ce serait une question d'un ordre supérieur d'examiner s'il est préférable en principe que le juge n'ait qu'à faire l'application de la loi, ou s'il vaut mieux qu'il ait le soin d'en apprécier la justice et la mesure. Mais nous ferons seulement remarquer que, dans cette matière des responsabilités après annulation, il n'y a rien de fixe, rien de déterminé. Une loi inflexible ne se prêtant à aucune circonstance atténuante, risquerait de dépasser souvent la mesure ; en une telle matière, il vaut mieux que le juge ait une latitude lui permettant de prononcer selon les faits et les circonstances de chaque affaire.

ARTICLE III

Une société nulle à l'origine, devrait être logiquement considérée comme n'ayant jamais existé : mais il y a longtemps qu'une irrésistible nécessité, comme l'a dit Troplong, a contraint de voir en elle une société de fait qui se liquide, d'après les principes fondamentaux de la classe à laquelle elle appartient, et d'après ses statuts. C'est cet usage que le projet légitime par l'article 43 :

Lors même que la nullité est prononcée, dans les cas prévus par la présente loi, les créanciers sociaux restent préférés aux créanciers personnels des associés ; toutefois, ce droit de préférence ne peut s'appliquer aux versements à faire par les actionnaires sur le montant de leurs actions.

Ne serait-il pas préférable de dire :

La société annulée conserve sa personnalité juridique pour la liquidation. En conséquence, les créanciers sociaux sont préférés sur les biens dépendant de la société de fait aux créanciers personnels des associés. Néanmoins la société n'a pas de privilège pour les versements que les actionnaires avaient encore à opérer sur leurs actions ; elle vient seulement en concurrence avec les autres créanciers personnels des associés.

Cette rédaction plus complète et plus juridique a en outre l'avantage d'élucider celle de l'article assez obscur proposé par la Commission.

Il faut approuver le principe posé par l'article 44, qui a pour but de réduire considérablement le nombre des demandes en nullité. Trois ans après la constitution de la société et après un acte ou une délibération, qui porte en elle une cause d'annulation, l'action en nullité et celle en responsabilité qui en découle, ne sont plus recevables, si la cause de la nullité a disparu. La première remarque qui se présente à l'esprit, c'est que certaines causes de nullité ne peuvent pas disparaître; par exemple, si les apports en nature ou les avantages n'ont pas été dûment approuvés, on ne peut y remédier qu'avant le commencement de toute opération sociale (art. 16). Il y a donc là une menace de nullité, qui reste à jamais suspendue sur la tête de la société.

Ne conviendrait-il pas d'insérer dans la loi une disposition qui permettrait d'écarter ce danger à quelque moment que ce fût de l'existence sociale. Quant aux causes de nullité que le temps, les circonstances ou la sagesse des mandataires sociaux peuvent faire disparaître, rien de mieux que la disposition de l'article 44. Ainsi supposons une société où, lors de la constitution ou d'une augmentation du capital, le quart n'aurait pas été effectivement versé sur chaque action; pendant trois ans et lors même que ce vice originel aurait été couvert, tout intéressé aurait le droit d'intenter une action en nullité de la société. Après trois ans, personne ne le pourrait plus si la nullité a été couverte.

Sur cette question des nullités, le projet de loi, soit qu'il se soit attaché à diminuer ces demandes en nullité qui sont devenues si nombreuses et qui sont une menace pour les sociétés les plus honnêtes, soit qu'il ait défini plus exactement la responsabilité qui découle de l'annulation, a fait preuve d'une grande entente de la situation, des dangers qui menacent l'existence sociale et des moyens de les détourner.

Avant de terminer cet article, il nous reste à mentionner une disposition nouvelle du projet de loi relative aux émissions d'actions et d'obligations.

On sait comment, dans ces derniers temps, s'opérait l'émission de ces différents titres. Une société les souscrivait en totalité et les offrait au public avec une majoration plus ou moins élevée. Il y avait là un commerce de titres qui se faisait plus ou moins habilement avec plus ou moins d'honnêteté. Les sociétés qui avaient fait de ces ventes une profession vraiment lucrative, prônaient dans le journal qu'infailliblement elles avaient à leur disposition et par toutes les voies d'une presse soudoyée, la situation exceptionnelle, les espérances immenses de la société dont elles offraient le bénéfice au public, et celui-ci, leurré, aveuglé par toutes ces belles promesses, s'empressait d'acheter des titres le plus souvent bien au-dessus de leur valeur réelle.

Pour éviter à ce public d'aussi cruelles déceptions, le projet de loi statue que, dans tous les prospectus, annonces, circulaires, journaux qui annonceront cette vente d'actions, on devra indiquer : 1° l'objet de la société ; 2° le montant du capital social ; 3° les apports en nature ; 4° les apports en espèce ; 5° les avantages consentis ; 6° la date de la publication dans le *Recueil des sociétés ;* 7° la date de l'assemblée constituée et le montant par action des sommes restant à verser. Une responsabilité civile et pénale (art. 104) est attachée à l'omission totale ou partielle de ces indications avec prescription d'une année.

Il nous reste à souhaiter que cet article 45 ait toute l'efficacité désirable ; mais il est bien à craindre que le public si aveugle ne prenne pas grand souci de toutes ces énonciations et qu'il continue à se laisser prendre aux hyperboles dont on aura soin de les accompagner.

ARTICLE IV

SOCIÉTÉ EN COMMANDITE PAR ACTIONS

L'amélioration la plus réelle qu'on puisse assurer à une loi, c'est de la simplifier. Une loi ayant pour objet de réglementer la commandite par actions, en se conformant aux notions juridiques admises en France, ne devrait être ni bien longue, ni bien compliquée.

Elle ne devrait pas imiter le Code hongrois, qui a supprimé la commandite, mais elle pourrait dire purement et simplement :

Les dispositions qui régissent les sociétés anonymes sont toutes applicables aux sociétés en commandite par actions, sous la réserve des règles suivantes, qui établissent leur modalité spéciale :

1° Les gérants sont responsables des engagements pris par la société, *in infinitum,* sur tous leurs biens personnels après épuisement des biens sociaux ;

2° Ils sont nommés par les statuts pour toute la durée de la société, et sont responsables des actes constitutifs comme fondateurs (Belgique, art. 77) ;

3° Ils peuvent être révoqués pour de justes motifs que déterminent les statuts et le droit commun. (Conf. Code suisse, art. 676 et note.)

Toutes les autres différences que la loi de 1867 ou le nouveau projet établissent entre les deux formes de société n'ont rien de substantiel ni rien qui puisse les justifier.

Pour s'en convaincre, il suffit d'étudier l'un après l'autre les articles particuliers à chacune d'elles.

En ce qui concerne les dispositions spéciales à la commandite par actions, elles ont surtout rapport à la constitution d'un conseil de surveillance. Or nous avons déjà eu occasion de nous expliquer sur la nécessité d'appliquer un conseil ainsi constitué à la société anonyme, où la surveillance revêt un caractère passager et transitoire, et où les commissaires sont bien souvent les défenseurs des administrateurs, tandis qu'ils devraient être ceux des actionnaires. Ainsi, non seulement il n'existe aucun motif plausible de distinguer deux sortes de mandataires pour la surveillance, mais il y en a par contre d'excellents pour étendre aux sociétés anonymes le système qui a été organisé par la loi de 1856 et qui a été emprunté par la loi de 1867 avec quelques modifications. La preuve la plus convaincante qu'on en puisse donner, c'est que les statuts pourraient l'organiser telle quelle, sans se mettre aucunement en contradiction avec la loi. Qui empêche même l'application à la société anonyme de l'article 54 du projet de loi, qui établit la responsabilité du premier conseil de surveillance en cas d'annulation de la société ? La forme d'association anonyme réclame une surveillance mieux organisée et plus efficace. En décidant que les commissaires peuvent être déclarés responsables, on leur imprimera une crainte salutaire, qui les engagera à surveiller et à contrôler plus attentivement.

Les dispositions spéciales à la société anonyme qui ne sont pas applicables aux commandites par actions, sont celles des articles 2, 24, 25, 26, 27, 28, 39, 40. Nous avons cherché ailleurs, sans pouvoir les découvrir, les motifs qui ont déterminé le législateur à exiger au moins sept associés dans la société anonyme ; on chercherait plus vainement encore les raisons qui ont empêché d'appliquer cette disposition aux commandites par actions. Donc pas de motifs pour appliquer les articles 2, 39, 40 seulement à la société anonyme.

Toutes les règles relatives à l'établissement de l'inventaire, du bilan, du compte des profits et pertes, à la communication de ces pièces aux agents de la surveillance et aux actionnaires, sont à peu près les mêmes pour les sociétés anonymes et les sociétés en commandite. L'innovation introduite par le projet et relative au dépôt du rapport des administrateurs trois jours avant l'assemblée, n'est pas de nature à répugner à la commandite par actions.

L'obligation de constituer un fonds de réserve est une excellente institution, due à l'initiative des sociétés en commandite, qui en inséraient l'obligation dans leurs statuts dès avant 1856. Pourquoi imposer la constitution d'un fonds de réserve dans la société anonyme et la laisser facultative dans la commandite?

Toutes ces différences peuvent disparaître sans modifier sérieusement la réglementation des commandites par actions, et le Code italien a été bien inspiré en agissant ainsi.

Il est à remarquer, du reste, que les législations les plus récentes ont une tendance très accusée à parfaire cette assimilation. La loi allemande, qui est la plus ancienne, est aussi la plus sévère ; pendant qu'elle tempérait ses sévérités à l'égard des sociétés anonymes, comme venait de le faire notre loi de 1867, elle adoptait pour la commandite, en les aggravant encore, les sévérités de notre loi de 1856.

En fait de commandite par actions, les usages nouveaux ont tout à fait mis en oubli les notions primitives de la commandite, formée d'associés commerçants, responsables

in infinitum, immuables, pour ainsi dire, seuls habiles
à administrer par eux-mêmes ou par délégation, et de commanditaires responsables jusqu'à concurrence de leur mise,
mais inhabiles à l'administration, dont les actes leur étaient
interdits sous des peines sévères.

Autant le capital du commanditaire se prête à la forme
impersonnelle et mobile de l'action ; autant l'apport des
associés solidaires y répugne réellement. Le système allemand s'est inspiré des traditions ; ce dernier capital ne peut
être divisé en actions et les assemblées générales de commanditaires ont bien quelque ressemblance avec des assemblées d'obligataires.

Elles surveillent, elles ne gouvernent pas les associés
solidaires ; leurs subordonnés et les véritables exécuteurs
de leurs volontés, ce sont les conseils de surveillance.
Munzinger, savant jurisconsulte suisse de la vieille école,
avait été frappé de cette anomalie qui place l'assemblée
des commanditaires au-dessus des gérants, et il aurait
voulu assurer à ces derniers une plus grande indépendance.

Les habitudes actuelles ont fait de la commandite par
actions une véritable société anonyme avec des associés
responsables *in infinitum*. C'est ce qui la rend supérieure
à celle-ci, mais c'est aussi le motif de sa décadence et de
son abandon.

ARTICLE V

La Commission propose seulement quelques modifications au système de publicité requise pour les sociétés par actions ; la principale consiste dans la création d'un *Recueil* spécial dont nous avons déjà parlé et qui est destiné à devenir comme le journal officiel de ces sociétés.

Avant d'examiner la valeur de ces modifications, nous allons essayer de donner une idée exacte des dispositions établies par les principales législations européennes en vue de rendre publics les renseignements nécessaires aux intéressés sur la constitution, le fonctionnement et les modifications importantes des sociétés en actions.

En principe, cette publicité n'aura d'avantages sérieux que, 1° si elle permet de connaître aisément tout ce qu'il importe de savoir sur une société ; 2° si les intéressés peuvent avoir toute confiance dans les renseignements qu'elle leur procurera. Il ne servirait à rien en effet de donner des renseignements qui seraient souvent erronés et inexacts, surtout parce que les mandataires sociaux auraient modifié à leur guise les règlements et les statuts primitivement publiés.

On conçoit sans peine que l'ordre public et l'intérêt général sont engagés à cette publicité sérieuse ; de là vient que toutes les législations s'accordent à faire intervenir l'administration; en général c'est aux tribunaux de commerce ou à des bureaux annexès et aux justices de paix que doivent se faire les dépôts ; c'est là que les intéressés vont chercher tous les renseignements qui peuvent leur être utiles, sans crainte d'être trompés.

Voilà une première publicité qui a pour avantage d'offrir des garanties de véracité; avec cet inconvénient qu'il faut aller la chercher; aussi les législations sont-elles également d'accord pour en établir une seconde qui vient chercher pour ainsi dire les intéressés dans leur cabinet d'affaires et qu'ils peuvent consulter sans aucun dérangement. Elle se fait : 1° par des insertions dans les journaux, 2° par les prospectus, les annonces, les actions et obligations de la société.

Les principes sont donc les mêmes partout; mais l'application en est plus ou moins heureuse. En France les dépôts aux différents greffes s'opèrent sans vérification, sans intervention préalable de l'administration; elle reçoit passivement toutes les pièces qu'on lui présente sans contrôler si elles sont complètes et exactes. Si le dépôt n'est pas opéré dans les conditions déterminées par la loi, la société est menacée d'une annulation, peine très grave, nous l'avons dit, et qui ne s'attache pas seulement à une faute lourde, mais même à une négligence ou à une distraction. Il en est de même pour les insertions faites dans les journaux ; l'administration n'intervient pas et ne surveille même pas l'exécution des formalités légales ; mais que l'exemplaire du journal ne soit pas certifié par l'imprimeur, qu'il ne soit pas légalisé par le maire ou enregistré dans les trois mois de sa date : c'est encore la nullité qui est encourue par la société. Du reste toujours passive, l'administration n'interviendra même pas pour la demander.

En somme la loi s'abstient scrupuleusement de toute

mesure préventive ; elle n'empêche pas de tromper ; elle se contente d'atteindre ceux qui trompent, plus ou moins sciemment, lorsqu'un intéressé les poursuit.

La loi belge présente cette particularité qu'elle agit en un sens inverse des autres législations ; c'est l'insertion au supplément du *Journal officiel* qui sert de base à la publicité, et c'est ce supplément qui constitue le dépôt opéré dans *tous les greffes* des cours et des tribunaux. Ce système est préférable au nôtre en ce point surtout que c'est un fonctionnaire spécial qui reçoit et fait insérer les pièces à l'*Officiel*, après s'être assuré qu'elles sont exactes et complètes. Sa mission est de constater l'*obéissance aux prescriptions de la loi.*

Nous arrivons à un système qui est en usage dans tout le groupe qui rayonne autour de la législation allemande : Code allemand, autrichien, hongrois, suisse, etc. Dans tous ces différents pays on s'est servi pour la publicté à donner aux actes sociaux du registre du commerce où doivent être inscrits tous les faits qui intéressent les commerçants. Ce registre, a dit Munzinger, est au commerce ce que le registre des hypothèques est aux propriétés. C'est là que se trouvent inscrites les raisons de commerce, les signatures, les procurations, les cessions de fonds, etc. etc.

La société commerciale est assimilée à un commerçant ; il est donc logique qu'elle vienne puiser sa personnalité juridique dans l'inscription au registre du commerce. Avant cette formalité, il y a des particuliers qui agissent pour leur compte personnel ; il n'y a pas société de commerce ; car on n'est commerçant qu'après l'inscription au registre. La société ou plutôt ses mandataires avant la lettre doivent donc faire inscrire les statuts et règlements sociaux, les diverses délibérations, tous les actes constitutifs et autres qui sont relatifs aux opérations sociales, dans les termes assez minutieusement définis par la loi. Une fois cette inscription faite, ce ne sont pas les mandataires de la société. C'est le fonctionnaire préposé au registre qui a le soin et la charge des insertions dans les journaux. De cette manière on supprime toutes les formalités imposées par la loi française, aussi bien que les nullités qui peuvent en être la conséquence. Mais, dira-t-on, si l'inscription ne se fait pas ou repose sur de fausses indications, quelle sera la sanction de la loi? — Le Code suisse, plus explicite que la loi allemande, va nous répondre : « Celui qui a omis de faire une inscription à laquelle il était tenu, est responsable de tout dommage pouvant résulter de cette omission (art. 860). Comme on le voit, c'est l'application pure et simple de notre article 1382.

En dehors de cette responsabilité civile qui est du droit commun, lorsque les intéressés sont tenus de faire procéder eux-mêmes à l'inscription, le fonctionnaire préposé au registre doit prononcer d'office contre les contrevenants une amende de 10 à 500 francs (art. 864).

N'oublions pas de noter ce qui est le principal avantage que présente le registre du commerce : c'est qu'il est à la disposition du public tous les jours à des heures déterminées, et que, moyennant une modique rétribution, on peut toujours obtenir des copies conformes.

Quand nous aurons dit que, d'après le Code italien, le dépôt des divers actes sociaux s'opère au greffe du tribunal de commerce ; que le tribunal vérifie lui-même si l'accomplissement des conditions établies par la loi a été observé, puisqu'il en ordonne l'inscription et l'affichage dans la salle du tribunal (art. 89, 90, 91) ; enfin, que les insertions se font par extraits dans les journaux désignés, en particulier au bulletin officiel des sociétés par actions, nous aurons donné connaissance de tout ce qui est prescrit par la publicité, par les législations, et il ne nous restera plus qu'à indiquer nos préférences.

Nous nous garderons bien de réclamer l'institution d'un registre du commerce; l'institution nous paraît avoir une valeur intrinsèque véritable ; mais ce n'est pas dans un projet si restreint qu'on peut insérer une création aussi importante.

Mais nous verrions favorablement, ainsi que nous en avons eu déjà plusieurs fois l'occasion de le dire, l'établissement d'un bureau spécial des sociétés par actions ou autres, annexé au tribunal de commerce. Le bureau serait dirigé par des hommes compétents, habiles à découvrir les manœuvres déloyales et les subterfuges employés pour tourner ou éluder la loi. La mission de ces fonctionnaires serait tout extérieure, pour ainsi dire; en d'autres termes, ils ne seraient juges en aucune manière des conventions et des statuts. Empêcher les contraventions et les manquements à la loi ; voilà ce qu'ils auraient à faire. Le *Recueil des sociétés* serait rédigé et dirigé par ce bureau, qui se chargerait de toutes les insertions. Quiconque aurait intérêt à être renseigné sur une société, trouverait là, à des heures fixes, tous les renseignements désirables. Qui ne voit les avantages immenses d'une pareille institution, qui, d'ailleurs, ne devrait en aucune circonstance prendre les proportions d'une intervention administrative.

Ne vaut-il pas mieux que l'administration intervienne administrativement afin que la justice n'ait plus à sévir aussi fréquemment?

Après avoir indiqué ce que nous désirerions très vivement voir établir, revenons aux dispositions présentes. On nous permettra de dire en passant que nous ne voyons pas une grande utilité au dépôt qui est prescrit aux greffes des justices de paix; c'est une complication et un double emploi qui nous paraissent assez peu justifiés.

Du reste, nous trouvons excellente la création du *Recueil des sociétés ;* excellente aussi la publication préalable du projet d'acte de société avant une souscription publique; quoiqu'au fond, et en réalité, ces insertions dans les journaux qui se font à une époque où bien peu de personnes ont intérêt à les connaître, soient en pratique d'une utilité assez contestable.

N'oublions pas de signaler aussi la disposition relative aux indications sommaires qui se trouveront sur les titres d'actions provisoires ou définitifs; tout porteur d'une action saura où trouver les actes constitutifs de la société dans le *Recueil officiel.*

Quoique bonnes et même excellentes, toutes ces dispositions ne laissent pas que d'être insuffisantes. Le rapporteur de la loi de 1867 faisait remarquer qu'il fallait non seulement qu'on pût se procurer tous les renseignements désirables sur une société, mais encore que ce fût chose facile au commun des mortels. Or le greffe n'est pas, nous semble-t-il, dans ces conditions, et nous revenons à notre *delenda Carthago :* instituez donc un bureau spécial des sociétés.

ARTICLE VI

DES OBLIGATIONS

Nous écrivions en 1881 : « L'émission des obligations revêt un caractère public qui doit amener forcément la loi à intervenir. » (*Tr. des soc. comm.*, p. 348.)

Nous ne sommes donc pas surpris que des deux titres nouveaux introduits dans la législation des sociétés de commerce, il y en ait un consacré aux obligations. Si l'État peut,—et le plus souvent il lui serait impossible d'agir autrement,— se désintéresser des affaires moins considérables et des petits contrats en particulier, en revanche il ne saurait s'abstenir d'une surveillance sérieuse spéciale, lorsque la fortune publique est en jeu et avec elle l'ordre et la morale, dont il est le représentant et l'appui. Ce n'est pas seulement l'action, titre représentatif du capital social, qui est devenue une des grandes forces et des puissances de ce monde ; à ses côtés et comme sous sa protection, l'obligation a pris une place considérable, et elle absorbe une grande partie de la fortune publique.

§ 1er

DE L'ÉMISSION DES OBLIGATIONS

On ne fait aucune difficulté de reconnaître que toute société par actions peut emprunter au moyen d'une émission

d'obligations nominatives ou au porteur ; mais on discute
beaucoup la question de savoir s'il convient de limiter les
émissions à des chiffres déterminés. Une controverse assez
vive s'engagea à ce sujet au parlement belge lors de la
discussion de la loi de 1873, et en fin de compte il fut décidé que le montant des obligations ne pourrait être supérieur au capital versé. (Art. 68.) La loi italienne dit la même
chose avec une réserve en faveur des lettres de change, des
dépôts, des bons nominatifs et des autres titres de créance
dépendants d'affaires privées. (Art. 170.) Notons enfin que
notre conseil d'État, de 1870 à 1880, a statué par plusieurs
décrets que le montant du capital-obligations ne pourrait
dépasser celui du capital-actions.

Malgré l'autorité de ces dernières décisions, la commission s'est abstenue d'entrer dans cet ordre d'idées ; mais
l'exposé des motifs nous donne à deviner que ces questions
ont été agitées dans son sein. Nous avouons que nous
n'aurions pas été d'avis qu'on restreignît le montant du
chiffre des obligations au montant du capital versé. Est-ce
que la portion non appelée et restée entre les mains des
actionnaires n'est pas éminemment propre à former une
garantie réelle et effective de l'emprunt par obligations.
Par contre, notre approbation eût été acquise à une disposition qui aurait limité l'émission des obligations au montant du capital existant réellement au moment de l'emprunt. Un prêteur ordinaire n'exige pas d'une manière
absolue une garantie effective reposant sur des biens acquis ; il se contente souvent du crédit de la personne, de
la confiance qu'il lui accorde soit à cause de sa valeur et
de sa probité commerciale, soit en raison des opérations
en cours sur lesquelles il base de légitimes espérances ;
c'est une affaire d'appréciation qui se fonde sur des calculs plus ou moins justes, mais établis avec une connais-

sance suffisante des choses. La situation n'est plus la même quand il s'agit d'un emprunt par obligations ; tout d'abord il a un caractère public soit par les négociations auxquelles il donne lieu, soit par le grand nombre des personnes qui y participent ou successivement ou comme souscripteurs originaires. Dans ce grand nombre, il y a des faiblesses à protéger contre des promesses fallacieuses, contre le miroitement des espérances qu'on fait briller à leurs yeux, contre des agissements coupables, de perfides dissimulations et des mensonges audacieux. En conséquence, si ce n'est dans l'intérêt de la fortune publique, au moins pour préserver du danger les petites gens qui cherchent un bon placement pour leurs économies, nous voudrions que les espérances de bénéfice n'entrassent pas en ligne de compte comme garantie des obligataires, en d'autres termes que le capital-obligations ne fut jamais d'un chiffre supérieur au capital réel de la société, y compris les sommes à appeler et les divers fonds de réserve et de prévoyance.

D'ordinaire on objecte qu'une mesure ainsi restrictive serait un obstacle aux grandes entreprises, et on ne manque pas de citer comme exemples le Crédit foncier et les grandes compagnies de chemins de fer. On oublie que le Crédit foncier est sous la surveillance, la tutelle et presque la direction de l'administration ; que son capital social n'est pas la seule garantie des obligations qu'il émet ; que le plus ordinairement il n'est qu'un intermédiaire entre les emprunteurs et les prêteurs, par suite d'une combinaison ingénieuse que nous n'avons pas à développer ici. En ce qui concerne les grandes compagnies de chemins de fer, il serait facile de retourner l'objection contre ceux qui nous l'opposent. Ils ne veulent considérer que ces Compagnies semi-officielles, auxquelles le temps et mille autres circonstances ont fait une situation désormais inébranlable, qui sont du domaine public et jouissent de la garantie de l'État; mais qu'on se demande si toutes ces compagnies plus récentes, tombées en ces derniers temps, les unes en liquidation, les autres en faillite, sans compter celles que le rachat par l'État a pu sauver, n'auraient pas ébranlé le crédit public jusque dans ses fondements si la prudence du Conseil d'État ne leur avait point interdit de dépasser le capital-actions par le capital-obligations.

Nous n'hésitons non plus à demander que les obligations soient émises par séries déterminées et non pas lancées dans la circulation à jet continu. Il nous semble difficile de réglementer un emprunt qui s'opère au jour le jour en quantités plus ou moins considérables. Le législateur, qui concède des privilèges à ces emprunts par obligations, à le droit et le devoir, nous semble-t-il, d'exiger que le capital-obligations soit déterminé comme le capital-actions. Le projet de loi a reconnu la nécessité de grouper les obligataires dans le but de leur donner une force de cohésion et de résistance; il faut au moins qu'ils puissent se compter. Nous n'irons pas jusqu'à réclamer une souscription régulière, attestée par un acte notarié; mais nous voudrions qu'une publication *en la forme ordinaire* indiquât la clôture de la souscription et le chiffre exact des obligations souscrites, de manière à ce que ce chiffre devienne le montant officiel de l'emprunt par obligations.

Une seule restriction a été apportée par le projet de loi à l'emprunt par obligations; car toutes les autres prescriptions ne sont que des règles à suivre. Cette restriction, empruntée à la loi belge, stipule que les obligations devront rapporter au moins 3 0/0 d'intérêt annuel, et qu'elles seront toutes remboursables au même taux, quoiqu'à des époques différentes, lorsqu'elles donneront lieu à des tirages au sort. Cette mesure est une concession qui met d'accord ce mode d'emprunt avec la loi de 1836 ; car si d'un côté elle conserve des avantages aléatoires aux obligations, de l'autre elle s'oppose à une majoration excessive au profit de quelques privilégiés du sort. Il nous semble que cet article supprime indirectement les obligations à gros lots, que du reste le Crédit foncier a singulièrement dépopularisées en les multipliant outre mesure.

De même que pour toutes les émissions d'actions à l'origine ou au cours de la société, les administrateurs ou gérants seront tenus de publier préalablement à la souscription un avis, inséré dans le *Recueil officiel*, qui en fera connaître les diverses conditions et surtout indiquera la situation actuelle de la société. C'est une sage mesure, que nous approuvons sans peine sous la réserve qu'au troisième paragraphe ainsi conçu : « Le montant des obligations déjà émises par la Société, » on ajoutera : « Et le montant des emprunts contractés à long terme et remboursables par amortissement annuel. » Une compagnie emprunte au Crédit foncier ou ailleurs en hypothéquant ses immeubles ; qu'elle émette avant ou après des obligations, si elle offre ses biens en garantie, évidemment c'est une garantie illusoire. Il est donc essentiel qu'on connaisse non seulement son capital, mais encore le capital-obligations en même temps que les emprunts hypothécaires ; ce sont là des renseignements qu'on dissimule d'ordinaire adroitement dans un bilan et dans un inventaire où le commun des mortels ne saurait les découvrir.

§ II

GARANTIES DES OBLIGATAIRES

Nous avons signalé plus haut la nécessité en même temps que la difficulté de conférer aux actionnaires isolés des moyens efficaces de faire valoir et de surveiller leurs droits sur la société ; pareille situation se retrouve avec les obligataires, peut-être même la nécessité est-elle plus grande et les difficultés plus sérieuses. En effet si des motifs d'ordre majeur s'opposent à l'immixtion fréquente de l'actionnaire dans la gestion des affaires sociales, comment tolérer quelque intervention que ce soit de l'obligataire, qui n'est qu'un prêteur et un étranger ? Mais d'un autre côté convient-il de l'abandonner à la merci de la compagnie, sans surveillance possible des agissements du débiteur et sans pouvoir prendre à l'occasion des mesures efficaces pour sauvegarder ses intérêts ? Le réduirait-on à entamer une action isolée contre une société puissante ?

La commission, frappée de la ressemblance de situation qui, malgré toutes les affirmations juridiques, existait entre le porteur d'obligations et le porteur d'actions, a eu l'idée de leur accorder des droits à peu près semblables. L'exposé de ce qui a été fait, montrera qu'on a dépassé la mesure en faveur de l'obligataire.

Le projet de loi pose d'abord en principe la faculté concédée aux porteurs d'obligations de se réunir en tel nombre qu'il leur conviendra et sous quelque initiative que ce soit, dans le but de se concerter sur les moyens de défendre leurs intérêts. (Art. 77.) Lorsque les obligataires ainsi assemblés, représenteront le vingtième du capital-obligations (on voit ici la nécessité de déterminer le capital-obligations), ils pourront nommer des commissaires pour ester en justice.

A côté de ces réunions partielles, il y a des assemblées générales, les unes obligatoires, les autres facultatives. Les premières seront convoquées : 1° lorsque leur réunion aura été indiquée parmi les conditions de l'emprunt ; 2° toutes les fois que des sûretés particulières, comme des privilèges, des hypothèques ou d'autres causes légitimes de préférence auront été promises et assurées aux obligataires.

Ces assemblées générales seront réunies à la diligence des administrateurs et des gérants dans le mois qui suivra le commencement de l'émission ou même la clôture de la souscription. (Art. 79) En outre toutes les fois que l'auront stipulé les conditions de l'emprunt ou que le nécessite la constitution des garanties promises.

En dehors de ces assemblées générales absolument obligatoires, les administrateurs ou gérants devront, *sur la requête des commissaires*, nommés par ces assemblées, réunir les porteurs d'obligations autant de fois qu'il aura été tenu une assemblée générale d'actionnaires. Dans tous les cas précédents les convocations seront faites aux frais de la société.

Les commissaires peuvent eux-mêmes, en dehors de l'intervention des mandataires sociaux, réunir les obligataires; mais ces réunions n'ont point un caractère général ni officiel, et les frais en sont supportés exclusivement par ceux qui les composent. Ce ne sont donc pas à proprement parler des assemblées générales.

Les véritables sont organisées par le projet de loi sur le modèle des assemblées d'actionnaires. Deux avis publiés à huit jours d'intervalle dans le *Recueil officiel* indiqueront le lieu, la date, le but de la séance et le dernier délai pour déposer les titres en vue de l'assemblée. Celle-ci doit réunir un nombre d'obligataires représentant au moins le quart du *montant nominal* de l'émission. Comme on le voit, ce sont les mêmes règles qu'aux articles 19, 20 et suivants; mais voici des différences : Tout porteur d'obligations a autant de voix à titre de propriétaire ou de procureur qu'il représente de titres jusqu'à concurrence de vingt voix. C'est le nec plus ultra, et il en résulte que vingt obligations confèrent la même puissance de vote que cent, mille ou dix mille titres. Le projet de loi n'a pas cru devoir proportionner davantage les votes aux intérêts ; c'est le triomphe des petits capitaux. (Art. 85.)

Lorsque la première assemblée ne réunit pas un nombre suffisant d'obligataires , une seconde est convoquée dans les mêmes termes que la première, et elle délibère valablement quel que soit le nombre des obligataires présents.

Le projet de loi n'indique pas par qui l'assemblée sera présidée ; si c'est par le président du conseil d'administration de la société, il peut paraître singulier qu'il préside au délibérations d'une assemblée dont les intérêts sont divers, et en quelque sens opposés à ceux de la société dont il est déjà le représentant et le mandataire.

Le point le plus difficile était certainement de déterminer la mission et les attributions des assemblées d'obligataires, et nous ne sommes pas surpris que le projet de loi prête ici à la critique. C'est une bonne chose que d'avoir autorisé en principe les réunions d'obligataires, mais il fallait prévoir les abus qui pouvaient résulter d'une faculté accordée sans aucune contradiction. Quels obstacles, quelles tracasseries ne susciteront pas à l'administration des assemblées plus ou moins nombreuses, réunies dans le seul but de clabauder contre la gestion sociale ! Laissons même de côté les abus du droit de réunion ; l'usage lui-même, à notre sentiment, donnera lieu à de graves inconvénients. L'exercice du commerce en général requiert un certain mystère, un silence obligé sur des opérations projetées ou en cours, si elles sont bonnes, afin qu'elles ne soient pas contrariées; si elles sont en mauvaise voie, afin que cette divulgation ne nuise pas à l'ensemble de la gestion. On pense bien que les obligataires, émus par quelque communication, dans la crainte de tout perdre, épancheront mutuellement leur cœur dans ces réunions privées et jetteront tout au moins de la suspicion sur la prospérité des affaires sociales; or toute suspicion a pour effet de diminuer et même de faire disparaître le crédit. Il ne serait certainement pas permis à un prêteur ou créancier ordinaire de diffamer son obligé et son débiteur sous le prétexte de sauvegarder ses droits; pourquoi cette faculté serait-elle accordée à des porteurs d'obligations qui forment une collectivité ?

Nous en concluons que, si vous accordez aux obligataires le droit de se réunir, vous ne devez le faire qu'en réglementant sévèrement leurs délibérations. Comment? C'est le point difficile. Essayons toutefois de formuler notre avis.

La première assemblée générale est convoquée un mois après le commencement de l'émission ou après la clôture de la souscription. Il nous semble qu'elle a le pouvoir d'examiner si l'émission n'a pas été mêlée de manœuvres coupables et de graves irrégularités. S'il en a été ainsi elle a le droit de donner aux commissaires qu'elle désigne la faculté d'actionner la société en résiliation de la convention ou en dommages-intérêts. Mais elle n'a aucun pouvoir de discuter la marche générale de la société et les affaires qu'elle a pu entreprendre. Nous ne craindrions pas de requérir une sanction même pénale contre les auteurs de ce que nous appellerons une véritable diffamation. Toutes les fois qu'il y aura réunion générale ou particulière, obligatoire ou facultative, les intéressés auront le droit de s'occuper directement des points qui regardent les obligations: payement des intérêts et remboursement des titres aux dates fixées, exécution des conditions de la convention spéciale.

Quoi qu'il en soit, l'attribution par excellence des assemblées d'obligataires, c'est la nomination de commissaires qui auront pour mission de les représenter en justice, d'accomplir les actes collectifs, et de surveiller les agissements de la société emprunteuse dans la mesure que nous venons d'indiquer.

Lorsque la désignation de ces commissaires est faite en vertu d'une stipulation légale ou de la convention intervenue entre la société et les souscripteurs d'obligations, elle appartient à l'assemblée générale et, à son défaut, au président du Tribunal de commerce, sur la requête de tout intéressé. (Art. 80.)

Nous ne craignons pas d'avancer que nous désirerions que la nomination se fît toujours de cette dernière façon. En théorie c'est parfait ; le mandant doit choisir son mandataire. En pratique il faut considérer ce qui arrivera infailliblement d'après ce qui se passe aujourd'hui. On n'ignore pas les énormes spéculations qui s'opèrent sur les émissions de titres ; c'est la spécialité de certaines maisons de banque, qui achètent ferme ou à condition l'émission à lancer dans le public ; elles l'opèrent au moyen d'une publicité effrénée, qui ne recule devant aucun mensonge ni aucune exagération. Il est facile de prévoir ce qui arrivera : ces maisons de banque, d'accord avec les administrateurs qui leur auront confié l'émission, feront la majorité dans l'assemblée générale, nommeront les commissaires à leur guise ; puis les titres seront offerts au public. De cette manière les stipulations de la loi contribueront à aveugler ceux que le législateur avait en vue d'éclairer ; c'est une observation de même nature que celle que nous avons faite à propos des commissaires et des conseils de surveillance de la société.

Qu'on veuille bien se souvenir ici de ce que nous avons dit ailleurs sur l'opportunité, tranchons le mot, sur la nécessité de créer un bureau des sociétés, et puisqu'aussi bien le projet de loi nous y convie lorsqu'il désigne le président du Tribunal de commerce pour la nomination des commissaires au défaut de l'assemblée, nous ne craindrons pas de demander que ces commissaires soient pris au bureau des sociétés pour *exécuter les ordres de l'assemblée et l'éclairer de leur expérience et de leurs enquêtes*. Quand vous instituez toute une surveillance autour des émissions d'obligations, vous montrez clairement que vous ne croyez pas devoir accorder une confiance absolue aux administrateurs de la société ; pourquoi en auriez-vous davantage dans les hommes de leur choix qu'il leur sera toujours facile d'imposer à une assemblée formée des éléments les plus disparates. Remarquons bien que ces commissaires, venus du bureau des sociétés, n'auront jamais à intervenir dans les conventions des parties ; leur mission se bornera à veiller à l'exécution des conditions du programme.

Du reste les droits accordés aux commissaires, représentants des porteurs d'obligations, nous semblent plus spécieux que réels. Si par exemple ils assistent aux assemblées générales des actionnaires, ils n'y sont que des témoins muets et ne peuvent prendre part ni à la discussion ni au vote. Quelques législations les autorisent à participer aux délibérations ; mais qu'est-ce que le droit de crier, dit avec raison un auteur italien ? Ils peuvent prendre connaissance des pièces relatives à l'administration, qui, d'après l'article 52, sont mises à la disposition des actionnaires quinze jours avant la réunion de l'assemblée générale ; ce n'est pas là un bien grand privilège. La loi du Brésil nous semble bien mieux inspirée dans une certaine mesure en décidant que le commissaire chargé de représenter les obligataires prendra rang parmi les commissaires et conseillers de surveillance de la société ; c'est au moins logique ; ces derniers surveillent l'emploi des fonds confiés par les actionnaires ; les premiers doivent pouvoir veiller aux fonds déposés à titre de prêt par les obligataires et cette surveillance ne peut être efficace que s'ils sont initiés à tous les actes de l'administration. Une pareille disposition serait peut-être de circonstance lorsque la destination des fonds a été indiquée à l'émission et qu'une sûreté particulière doit résulter de leur emploi.

Mais les commissaires ne sont pas seulement nommés pour représenter les obligataires en justice et pour surveiller les agissements de la société, ils ont encore qualité, d'après l'article 82, pour provoquer et consentir, au nom de l'assemblée qui les a nommés, tous actes relatifs aux sûretés particulières qui sont la garantie de l'emprunt. C'est certainement l'innovation la plus considérable du projet de loi ; elle appelle donc particulièrement notre attention. Nous irons tout de suite au point capital : la constitution d'une hypothèque.

Existe-t-il actuellement des obligations vraiment hypothécaires? Un arrêt de la cour de Paris en date du 15 mai 1878 (S. 1883, 2, 218) a décidé que l'inscription de l'hypothèque qui garantit les obligations émises par une société commerciale en représentation d'une ouverture de crédit qui lui a été faite par des obligataires constitués en société civile, est valable ; encore bien que, prise au nom des seuls membres qui constituaient alors cette société, elle énonce qu'elle profitera à tous ceux qui deviendront ultérieurement cessionnaires ou propriétaires desdites obligations. Le même arrêt reconnaissait que l'hypothèque attachée à des obligations au porteur est transmise comme les obligations elles-mêmes par la simple remise des titres. Il y aurait peut-être beaucoup à dire au point de vue du droit strict ; mais des considérations d'utilité pratique incontestable n'ont pas dû être étrangères à une solution si désirable. (Conf. Aix, 8 avril 1878, et note de M. Labbé : S. 1879, 2, 213.)

Quelle que soit la valeur de cette décision, nous ne crai-

9

gnons pas de poser en principe que les caractères de l'obligation répugnent à la constitution d'une hypothèque en sa faveur. Si donc il n'est pas rare de rencontrer des obligations qu'on qualifie d'hypothécaires, c'est parce que le plus souvent on leur attribue un titre qui ne leur appartient qu'indirectement. Lorsque par exemple le Crédit foncier consent des avances à des particuliers sur des propriétés immobilières, comme il émet en même temps des obligations en représentation de ces avances, il est tout à la fois prêteur et emprunteur. Prêteur, il prend hypothèque ; emprunteur, il en transmet le bénéfice et la garantie aux porteurs d'obligations ; d'où il résulte qu'il n'est qu'un intermédiaire entre le débiteur et le créancier et par conséquent que les obligations ne sont pas réellement hypothécaires. Ce système du reste a été approprié en Amérique aux émissions d'obligations par les chemins de fer. Les *trustees* se placent de la même façon entre les chemins de fer, dont ils lancent les obligations, et le public, dont ils représentent et garantissent les intérêts en prenant hypothèque sur les terrains et les lignes de construction. (*Tr. des soc. comm.*, p. 368.)

De toutes ces explications ressort clairement la difficulté d'émettre des obligations qui reposent sur la garantie hypothécaire, et c'est chose regrettable, parce que, plus que toute autre combinaison, celle-ci assure aux obligations, dont nous avons surtout l'intérêt en considération, les conditions solides d'une valeur de tout repos.

La commission a donc été bien inspirée de chercher à concilier ce qui paraissait inconciliable ; seulement elle n'a pu y arriver, comme la Cour de Paris qu'en mettant quelque peu les principes de côté. Elle avait à surmonter deux difficultés principales : dans un emprunt ordinaire le prêt et l'hypothèque s'échangent pour ainsi dire le même jour ;

mais lorsque cet emprunt se fait par une émission d'obligations, la société ne saurait constituer une hypothèque à des prêteurs qui n'existent point encore juridiquement et d'autre part si les souscripteurs se contentaient de la promesse de l'hypothèque, il serait à craindre que l'inscription n'en fût primée au point de diminuer sensiblement leur privilège et leur garantie. En second lieu le caractère mobile de l'obligation et le grand nombre de mains dans lesquelles elle passe simultanément ou successivement rend impossible en pratique l'inscription de chacun de ses possesseurs au registre des hypothèques.

Voici comment le projet de loi propose d'opérer pour l'émission d'obligations hypothécaires. La société devra avant tout faire *une prénotation*. Que signifie ce terme à peu près inconnu dans le droit? La prénotation n'est pas, autre chose qu'une promesse conditionnelle d'hypothèque qui sera inscrite au registre, afin de prendre date sur toute autre inscription éventuelle qui pourrait se produire avant l'époque où la société sera en mesure de réaliser la promesse. Si en effet l'emprunt réussit, la promesse conditionnelle deviendra une inscription effective du jour de sa date à la seule condition que les formalités subséquente, soient accomplies dans les six mois. Que si au contraire la société, pour un motif ou pour un autre, ne place pas ses obligations, la promesse est caduque et considérée comme non avenue.

Reprenons le cas où l'emprunt réussit ; dans le mois qui suit le commencement de l'émission ou la clôture de la souscription, l'assemblée générale des souscripteurs convoquée en la manière que nous avons décrite ci-dessus, nomme des commissaires, dont la mission première sera de représenter la masse des obligataires dans les formalités à remplir pour la réalisation de la promesse. La situation juridique de ces commissaires vis-à-vis des porteurs d'obligations, est identiquement celle du syndic au regard des créanciers de la faillite; la comparaison nous paraît très exacte et très juste.

C'est donc à titre de procureurs que les commissaires font inscrire leurs noms, prénoms, qualités et domicile en marge de la promesse. Cet acte s'accomplit suivant les formes indiquées à l'article 2148; s'ils viennent à être changés, l'article 2152 est alors appliqué, et les radiations s'opèrent de même conformément aux règles du droit commun. En un mot les commissaires sont des procureurs qui représentent la masse des créanciers obligataires et leur responsabilité est celle qui résulte du mandat.

Qu'arriverait-il si la prénotation n'avait pas été opérée par les administrateurs ou les gérants? Ou bien une inscription autre aurait été prise depuis la publication de l'émission ou bien les choses seraient restées en état. Dans le premier cas les administrateurs ou gérants responsables aux termes de l'article 37 des infractions à la loi de sociétés et en particulier des actes qui rentrent dans leur mandat, seraient tenus solidairement de tout le préjudice causé et s'il était arrivé que la garantie de l'hypothèque fût devenue complètement ou à peu près illusoire, le devoir des commissaires serait de s'adresser aux tribunaux pour faire annuler l'émission et obtenir de la société des dommages-intérêts convenables, sans préjudice de l'action qui pourrait être intentée contre ses mantaires par application du deuxième paragraphe de l'article 104 ainsi conçu: « Toute énonciation ou dissimulation frauduleuse dans les actes de publication donnent lieu aux peines édictées par l'article 405 du Code pénal.

Dans le second cas, les commissaires devraient requérir l'inscription immédiate de façon à ce que les obligataires n'aient à éprouver aucun préjudice.

Tel est le système imaginé par la commission pour permettre aux sociétés d'émettre des obligations hypothécaires. Sans vouloir nous prononcer prématurément sur
son mérite, quoiqu'il nous semble, à première vue, assez
simple et assez pratique, nous pensons qu'il donnera lieu à
des critiques nombreuses, parce qu'il va contre les traditions et les idées reçues en matière d'hypothèque, où tout
est précis, exact et asservi à des formes déterminées. On
ne manquera pas de remarquer qu'au moment où s'opère
la prénotation qui est le premier acte d'un contrat synal-
lagmatique, il n'y a point encore de créanciers, en sorte que
les administrateurs ou gérants représenteront à la fois les
deux parties contractantes. Mais après tout, cette formalité
n'a d'autre but que de faire prendre date, et d'assurer
ainsi aux souscripteurs que le prêt qu'ils consentiront,
sera bien fait dans les conditions indiquées au moment de
l'émission.

Le droit commercial, surtout dans ses applications aux
sociétés, s'accommode mal de la rigueur des principes du
droit commun; il réclame fréquemment des exceptions
hardies qui apparaissent parfois comme subversives de
toutes les règles reçues. Au fond, dans l'espèce, ayons surtout égard au résultat cherché et obtenu; les obligataires
verront se constituer en leur faveur la plus sérieuse et la
plus sûre des garanties; l'importance majeure de ces opérations, leur usage si fréquent, la protection accordée à
des intérêts qui réclament toute l'attention de la loi, tout
nous détermine à oublier les principes pour ne voir que
les avantages d'une audacieuse exception.

ARTICLE VII

DES TONTINES, DES SOCIÉTÉS D'ASSURANCES SUR LA VIE
MUTUELLES ET A PRIMES ET DES SOCIÉTÉS CIVILES

Le titre VI du projet de loi traite des sociétés anonymes ou par actions qui, par suite de motifs particuliers, se trouvent placées dans une situation exceptionnelle. Ce sont les tontines, qui, en général, ne sont pas considérées comme de véritables sociétés; les sociétés d'assurance mutuelle, auxquelles on en conteste tout le caractère juridique ; les sociétés d'assurance à primes sur la vie, dont les opérations présentent quelque chose d'aléatoire, et enfin les sociétés civiles qui divisent leur capital en actions.

Toutes ces sociétés, à l'excepion des dernières, sont et resteront soumises à l'autorisation et à la surveillance du gouvernement. La surveillance, cependant, n'était pas ou était mal organisée jusqu'à présent; le projet de loi établit donc que son exercice sera réglementé par l'administration. (Art. 87.)

L'éloignement pour cette autorisation préalable et cette surveillance constante devient tous les jours de plus en plus prononcé, au point que les meilleures mesures seront repoussées à priori, pour peu qu'elles soient suspectes de favoriser l'ingérence administrative dans les affaires sociales. Entre les meilleurs motifs de cette répugnance, il faut compter les lenteurs de l'administration.

Quoi de plus caractéristique en ce genre que les faits

qui se sont passés, il y a quelques années à l'occasion de certaines sociétés d'assurance sur la vie qui ont attendu trois ans l'autorisation qu'elles sollicitaient, pendant que des associations étrangères, venues surtout de l'Amérique et de l'Angleterre, s'implantaient sans difficultés dans le pays et y prenaient, grâce à leurs puissants capitaux, une place qu'on ne peut guère penser aujourd'hui à leur enlever.

Aussi réclamons-nous du législateur la détermination d'un délai, passé lequel les sociétés susdites pourront commencer leurs opérations sans attendre davantage une autorisation ou un refus. Nous sommes, en France, complètement désarmés contre l'administration dont on supporte le joug avec une patience admirable, c'est souvent au grand détriment des intérêts particuliers.

Les sociétés civiles pourront diviser leur capital en actions ; les lois sur ces sociétés leur seront alors applicables dans toute leur teneur sans en excepter les sanctions civiles et pénales. Rien de plus à-propos et de plus juste. Ces sanctions forment un tout homogène avec la loi qu'elles déterminent ; on ne doit donc pas les en séparer sous un prétexte ou sous un autre.

Mais ces dispositions, si elles sont bonnes en elles-mêmes, sont-elles pourtant assez complètes ? Consultons un peu les législations étrangères, que nous avons un peu perdues de vue depuis quelque temps.

La loi belge n'admet pas en principe que les sociétés civiles puissent diviser leur capital en actions ; une seule exception est admise en faveur des sociétés minières, qui jouiront de cette faculté en se soumettant aux dispositions de la loi de 1873 ; mais elles conserveront néanmoins leur caractère civil. (Art. 156.)

Le Code allemand s'est placé à un point de vue diamétralement opposé : toute société anonyme est considérée comme société de commerce. Or une société civile peut prendre, si elle le veut, la forme de l'anonymat ; c'est dire qu'elle se transforme en société commerciale. Voilà une décision nette qui nous sourit beaucoup ; à notre avis une société anonyme ou par actions, ne serait-ce que par les titres *négociables* qu'elle émet, a des *caractères commerciaux* qui en font une société vraiment commerciale.

Le Code italien ne dit pas autre chose que notre projet de loi ; mais il le dit mieux et plus explicitement : ses sociétés civiles pourront prendre les formes des sociétés par actions. En ce cas elles seront soumises aux dispositions du présent Code, excepté à celles qui concernent la faillite et la compétence. (Art. 227.) Ces deux exceptions seront certainement admises en France, où l'on trouverait monstrueux de déclarer les sociétés civiles en faillite et de les admettre au Tribunal de commerce. Il eût donc été préférable de le dire et aussi, puisque les sanctions pénales sont applicables à ces mêmes sociétés, serait-il bon d'expliquer si l'article 102, qui menace des peines de la banqueroute simple et frauduleuse les administrateurs et gérants, sera applicable aux mandataires des sociétés civiles par actions. Lorsqu'une disposition légale se met en opposition avec un principe général et supérieur, il importe beaucoup de l'énoncer clairement et de ne laisser subsister aucune ambiguité ni aucun sous-entendu.

Comme on le voit les législations se placent à des points de vue très divergents. Ce que nous appellerons le groupe allemand déclare *commerciale* toute société par actions ; par conséquent une société civile qui adopte cette division de son capital peut être mise en faillite et se trouve soumise à la juridiction consulaire. Le groupe latin fait des réserves sur ces points ; il n'admet pas que la société civile puisse devenir commerciale. Nous avons indiqué nos préférences ; nous n'y reviendrons donc pas.

ARTICLE VIII

DES SOCIÉTÉS ÉTRANGÈRES

Les sociétés étrangères seront assimilées aux sociétés nationales : tel est en deux mots le résumé du titre VII ajouté par la commission à la loi de 1867. Est-ce à dire que jusqu'à présent ces sociétés fussent placées dans des conditions bien marquées d'infériorité et qu'enfin le législateur, obéissant à des idées plus libérales, en vient à leur octroyer le bénéfice de l'égalité, qui leur avait fait défaut jusqu'alors? C'est précisément le contraire qui arrive : il y a longtemps qu'on a remarqué la faveur singulière qui est assurée en France avec une générosité plus que chevaleresque aux étrangers. Les sociétés étrangères jouissaient de privilèges que ne possédaient pas les compagnies nationales et le projet de loi accomplit un acte d'équité, en assurant pour l'avenir l'égalité de traitement pour toutes les sociétés.

Il ne s'arrête pas à examiner ce qu'il convient d'entendre par sociétés étrangères et ne s'occupe que des établissements et des succursales qu'elles peuvent ouvrir en France. Dans un temps où les sociétés ont une tendance à devenir cosmopolites, où les mandataires sociaux et les actionnaires appartiennent à un pays qui n'est pas celui de l'action sociale, où les sociétés lèvent leur tente et vont s'établir dans un autre pays avec la même facilité que les individus, il serait bon de définir ce qui différencie la compagnie

étrangère d'une société nationale et de dire, par exemple, si
une société constituée en conformité avec une législation
quelconque, adopte par là même une nationalité qu'elle est
libre de changer à sa guise.

Deux motifs de premier ordre ont déterminé les législations à permettre aux particuliers venus de l'étranger
l'exercice de leur commerce et de leur profession. Ce sont
d'abord les avantages qu'ils procurent au pays et ensuite
c'est la nécessité d'assurer un traitement semblable aux
nationaux qui s'en vont en pays étrangers. On comprend
toutefois que cette autorisation ne puisse leur être accordée
qu'à la condition de se soumettre aux lois de leur pays
d'adoption et aux règlements spéciaux qui les concernent.

Ces principes ont été dès l'origine appliqués aux sociétés
en nom collectif et en commandite même par actions, et
s'il a fallu des décrets et des traités pour régler la situation des sociétés anonymes, c'est en raison de l'autorisation préalable à laquelle ont été longtemps soumises ces
sociétés dans les différentes contrées de l'Europe.

Aujourd'hui cette autorisation préalable a été presque
partout abolie ; on devrait donc rentrer dans le droit commun ; mais plusieurs motifs s'y opposent encore. En premier
lieu, cette abolition n'a pas été générale et certaines classes
de sociétés sont encore astreintes à l'autorisation et même
à la surveillance des gouvernements ; ceux-ci ont donc des
mesures à prendre pour que les compagnies étrangères
similaires n'aient point comme il arrivait en France autrefois une situation préférable à celle des sociétés nationales.
En second lieu toutes les législations s'accordent à reconnaître la nécessité d'une publicité qui s'étend à tous les
actes constitutifs, administratifs et modificatifs des sociétés ;
or n'est-il pas d'une évidence palpable qu'à fortiori cette
publicité doit être appliquée aux sociétés étrangères ? Enfin

par une autre application du principe que nous posions en commençant, que toutes les restrictions imposées aux sociétés nationales doivent être étendues aux compagnies étrangères, il convient d'astreindre les titres qu'elles désirent émettre ou négocier en pays étranger aux mêmes formalités et aux mêmes règles que ce pays impose à ses sociétés.

De ces principes généraux incontestables le projet de loi a fait, ce nous semble, une exacte application.

L'article 90 stipule que les sociétés étrangères, constituées conformément aux lois de leur pays d'origine, pourront exercer en France tous les droits accordés aux étranger lorsqu'un décret rendu dans la forme des règlements d'administration publique aura par mesure générale autorisé les sociétés de ce pays à exercer tous leurs droits et à ester en justice en France.

On remarquera sans doute que les sociétés étrangères ne sont pas admises en France de plein droit. Il y eût eu des inconvénients sérieux à donner ainsi une autorisation générale à toute société venant de régions où elles pouvaient être assujetties à des lois peu en rapport avec les nôtres et en outre il fallait assurer la réciprocité à nos sociétés qui iraient s'implanter à l'étranger; c'était la base des décrets intervenus à l'origine entre les gouvernements.

Après la règle l'exception. Les sociétés de la nature des tontines et les compagnies d'assurance sur la vie venant s'établir en France seront soumises à l'autorisation préalable et à la surveillance comme les compagnies françaises. Nous ferons observer en passant une légère faute de rédaction : l'article 91 renvoie purement et simplement à l'article 87, dont le dernier paragraphe dispose que nos compagnies d'assurance sur la vie par actions seront soumises aux dispositions de la présente loi. Évidemment ce paragraphe ne saurait être appliqué aux sociétés étrangères; c'est une distraction qu'il sera facile de réparer.

De même les articles 94, 95 et 96 devraient logiquement suivre l'article 91, afin de compléter d'abord ce qui concerne les sociétés avant de parler des titres qu'elles émettent.

Toutes les dispositions relatives à la publicité des sociétés de commerce, devront être observées par les compagnies étrangères, même par les associations en nom collectif et en commandite, quoique le contexte du projet de loi ne le dise pas; c'est une troisième modification à faire dans ce titre.

Venons à l'article 92, qui devra être l'article 95, sauf quelques modifications que nous signalerons tout à l'heure, cet article a été calqué ou, pour mieux dire, il est la reproduction d'un décret impérial du 22 mai 1858 relatif aux titres des chemins de fer étrangers. D'après ce décret ceux-ci ne peuvent être négociés dans les bourses françaises qu'aux conditions suivantes : 1° la négociation en sera opérée conformément aux lois et règlements applicables aux valeurs françaises ; 2° les compagnies qui les ont émis, doivent justifier qu'elles ont été constituées en conformité aux lois de leur pays d'origine ; 3° que ces titres sont cotés à la bourse officielle de leur nationalité ; 4° les actions sont au moins de cinq cents francs et libérées des sept dixièmes (un décret du 18 janvier 1862 à porté le chiffre aux deux cinquièmes); 5° les obligations ne peuvent être négociées et cotées que si le capital social en actions est intégralement versé et elles ne peuvent êtres émises en France qu'après avoir obtenu l'autorisation des ministres des Finances, de l'Agriculture, du Commerce et des Travaux publics.

Comme on le voit, la commission a approprié ce décret à la législation présente. En premier lieu il en fait une loi applicable à toutes les sociétés étrangères qui émettent ou négocient des titres en France. La règle présente de la loi

étant le versement du quart, les sociétés étrangères
doivent justifier qu'il a été versé sur leurs actions. Comme
la commission n'a pas suivi la jurisprudence du conseil
d'État, qui n'autorisait l'émission d'obligations que si le
capital social était entièrement versé, cette condition n'a
point été maintenue dans le projet de loi. Celui-ci se tait
également sur l'admission à la cote officielle du pays d'o-
rigine. En revanche si le décret impérial semblait autoriser
la négociation en banque, le projet de loi paraît devoir
s'appliquer à toute négociation au sens de l'article 5 ; c'est
une extension équitable pour nos sociétés.

Il se présente ici une question subsidiaire des plus in-
téressantes. On sait que c'est au syndicat des Agents de
change qu'il appartient d'admettre les titres étrangers à
la cote officielle de la Bourse. Quelques procès récents ont
soulevé la question de la responsabilité qui pouvait lui in-
comber de ce chef; en outre cette responsabilité deviendrait plus lourde dans les termes du projet de loi. On remarquera en effet que les négociations seront nulles lorsque
quelqu'une des prescriptions ci-dessus énumérées aura été
mise en oubli. Par exemple :

Les actions d'une compagnie étrangère auront été admises à la cote officielle et il sera prouvé subséquemment
que le quart n'avait pas été réellement versé sur ces titres :
le syndicat sera-t-il donc déclaré responsable de la nullité
des opérations ? Evidemment, celui-ci ne saurait accepter
une pareille responsabilité ; car la jurisprudence de trente
années prouve surabondamment combien cette question du
versement du quart et bien d'autres semblables sont ardues
et difficiles à trancher.

C'est ici, nous semble-t-il, que se manifestera l'utilité
d'un bureau des sociétés ; c'est lui en effet qui sera désigné
naturellement pour opérer la vérification des origines

d'une société étrangère, d'autant plus qu'il aura en sa
possession les actes constitutifs qui devront lui être remis
en vue de la publicité. Un pareil examen, tout à fait en
dehors de la mission de syndicat, rentrera au contraire
parfaitement dans les aptitudes du bureau des sociétés.

ARTICLE IX

SANCTIONS PÉNALES

Nous passons sous silence le titre relatif aux sanctions pénales ; le projet de loi les a groupées, les a rendues plus nombreuses, mais elles découlent toujours des mêmes principes. Cependant nous devons dire un mot des articles 102 et 106, à cause des fondements juridiques sur lesquels ils s'appuient et dont le projet de loi nous paraît faire une heureuse application. La société commerciale est un commerçant dans toute la force du terme ; il convient donc de la soumettre à toutes les règles applicables au commerçant. Mais comment faire pour les sanctions pénales? le caractère particulier de la société anonyme, c'est d'agir uniquement par mandataire ; or le mandataire n'agit point en son propre nom ; ses actes sont censés le fait du mandant, et tout ceci répugne à l'application de la peine, qui par nature est personnelle. Le projet de loi ne s'est pas laissé arrêter par ce fait que les administrateurs et les directeurs de la société anonyme ne sont pas des commerçants ; considérant avant tout le caractère de leur mandat et leur situation vis-à-vis du mandant, il n'a pas craint de les assimiler aux commerçants dans le cas d'une faillite de la société, et de les rendre passibles des peines édictées en l'article 402 du Code pénal contre certains agissements ou certains manquements indiqués aux articles 585 et 586 du Code de commerce. L'importance de leur intervention personnelle a paru assez considérable pour effacer en quelque sorte le caractère du mandataire, derrière lequel ils se dérobaient trop aisément. Cette manière de voir nous paraît correcte et conforme aux principes généraux de l'équité.

ARTICLE X

Nous avons étudié successivement toutes les questions qui ont été soulevées par le nouveau projet de loi sur les sociétés par actions. Nous n'avons pas marchandé les éloges et notre approbation au travail sérieux de la commission, et si nous avions un reproche un peu grave à lui adresser, ce serait d'avoir été trop sage, d'avoir tenu par exemple à se maintenir dans les termes de la loi de 1867, car c'est à peine si elle a introduit deux titres nouveaux sur les obligations et sur les sociétés étrangères. Il y avait cependant toute une série d'actes et de faits saillants, intéressant au plus haut degré le commerce et l'ordre public, qui réclamaient l'attention du législateur. Quant on parcourt les annales de la jurisprudence depuis une vingtaine d'années, on y rencontre à chaque page des jugements et des arrêts relatifs à la fusion, à la liquidation ou à la faillite de quelque société par actions. Si le juge est appelé à intervenir aussi fréquemment, n'est-ce pas en premier lieu parce que le législateur n'a tracé aucune règle de conduite en des matières fort délicates et où les difficultés naissent pour ainsi dire à chaque pas? Quoi de plus compliqué, de plus obscur, que ces traités entre administrateurs dans le but d'arriver à une fusion favorable avant tout aux intérêts des traitants eux-mêmes, mais qui rarement est à l'avantage des actionnaires? La faillite d'une société par actions en multipliant les ruines autour d'elle, n'a-t-elle pas les conséquences les plus graves pour les particuliers et même pour la fortune publique? Les règles générales du Code de commerce suffiront-elles à déterminer les relations du syndic de la faillite avec la société et avec ses actionnaires? Les liquidations ne sont-elles pas le plus souvent difficiles, laborieuses, éternelles ? Quelques prescriptions légales seraient-elles sans utilité pour obvier à tous ces inconvénients?

Si l'intervention de la loi doit se produire dans les sociétés par actions, c'est tout autant dans les actes qui la terminent que dans ceux qui la constituent. Aussi la législation française est la seule qui se soit abstenue jusqu'à présent de traiter de ces différentes questions, et voilà pourquoi nous regrettons vivement que la commission n'ait pas tenté un travail vraiment obligatoire et qui lui était relativement facile, parce qu'elle en trouvait les éléments dans les législations étrangères, dans des usages bien établis et dans les décisions nombreuses de la jurisprudence. Nous allons essayer d'indiquer au moins les principales questions qu'il eût été urgent de traiter.

1° *Fusion*. — Le projet de loi ne contient qu'une seule disposition relative à la fusion des sociétés ; l'assemblée générale extraordinaire ne peut la voter que si la faculté lui en a été expressément réservée par les statuts. C'est en effet une modification essentielle, et il convient qu'approuvée en principe par tous et chacun des associés, une assemblée générale extraordinaire n'ait plus qu'à délibérer sur son opportunité.

Toute fusion entraîne avec elle la dissolution de l'une des compagnies et quelquefois de toutes les deux lorsqu'il se forme une société nouvelle. Celle-ci doit observer pour

10

sa constitution toutes les formalités exigées par la loi de 1867. Lorsque l'une des sociétés est absorbée par l'autre, il y a pour cette dernière des modifications à apporter aux statuts et une augmentation de capital qui s'opèrera en conformité à l'article 32 du projet de loi. Actuellement les usages et la jurisprudence ont imposé l'accomplissement des formalités originelles, relatives à la formation du capital social.

Les difficultés s'élèvent surtout autour de la société qui est dissoute et mise en liquidation par suite de la fusion. Les législations étrangères renferment quelques dispositions spéciales à ce sujet.

Les Codes allemand et suisse partent d'un principe général qui mérite notre attention : le fait de la dissolution d'une société qui est absorbée par une autre, enlève tout pouvoir à ses divers mandataires et même à l'assemblée générale; toutes les responsabilités sont encourues dès ce moment par les administrateurs de la société qui absorbe, c'est-à-dire qu'ils sont les véritables liquidateurs; seulement la liquidation se fait à part jusqu'au payement intégral de tous les créanciers, réel ou par garanties. Il en résulte que le domicile judiciaire reste distinct autant de temps que les deux patrimoines, qui ne peuvent être confondus avant un an; ce délai est du reste de principe général pour la répartition aux actionnaires de l'actif d'une société dissoute.

Le Code italien procède d'une manière différente; chacune des sociétés publie sa fusion avec une autre compagnie et son bilan exact. La société qui se dissout doit indiquer le mode qu'elle emploiera pour éteindre son passif. Si pendant les trois mois qui suivront cette publication, il ne se produit aucune opposition, la fusion sera consommée, et la société subsistante prendra à sa charge les droits et les obligations de la société dissoute. Si, au contraire, quelque opposition se produit, la fusion est suspendue jusqu'à la révocation ou la suppression par autorité de justice de l'opppsition qui avait été faite.

Cette manière de faire nous semble préférable surtout parce qu'elle est conforme aux usages suivis lorsqu'il s'agit de la cessation d'affaires pour un simple commerçant. Aucune de ces législations n'a prévu un cas qui devient assez fréquent et qui partage en ce moment les tribunaux. La société dissoute n'apporte à la fusion que ses biens liquidés et se réserve le droit de régler les affaires litigieuses. Il peut arriver que ces affaires se soldent en déficit, et alors qui mettra-t-on en cause de la société qui a reçu une partie de l'actif (il est vrai qu'elle l'a achetée par les actions), des administrateurs qui ont négocié le traité de la fusion, ou enfin des actionnaires de la société dissoute (voir les jugements rendus dans l'instance de quelques actionnaires contre la Banque franco-italienne)?

2° *Liquidation*. — Depuis quelques années, un grand nombre de sociétés anonymes ont dû entrer en liquidation. A une période de formation a succédé une période de dissolution ; toutes ces diverses liquidations ont donné lieu à des difficultés nombreuses ,qui sont venues, la plupart du temps, se trancher devant les tribunaux. Par un contraste frappant, tandis que le législateur a mis un soin minutieux à réglementer les actes constitutifs, il s'est abstenu d'intervenir dans les actes relatifs à la dissolution; comme si des intérêts aussi nombreux, aussi publics, aussi généraux et aussi délicats ne s'agitaient pas autour de la société à cette période critique de son existence. Nous ne pouvons donc comprendre que la commission n'ait pas essayé de tracer quelques règles pour la liquidation des sociétés par actions, et nous allons suppléer à son silence en parcourant succinctement les questions qu'il était urgent et presque nécessaire de traiter.

Il n'était pas difficile, en premier lieu, de définir le caractère juridique des liquidateurs et de mesurer la responsabilité qui leur incombe. Ce sont des mandataires à temps, révocables, salariés ou gratuits, pris ou non parmi les associés. — Leur responsabilité se détermine d'après les règles générales du mandat. — Cette notion du liquidateur est universellement admise par la doctrine, la jurisprudence les usages et les législations étrangères.

Ils peuvent être nommés ou élus en diverses manières. Lorsque les statuts ont déterminé le mode de liquidation, et quand d'ailleurs tout se passe régulièrement, il n'y a aucune difficulté. Au silence des statuts, d'après quels principes devra-t-on agir ? Plusieurs législations stipulent que les administrateurs en fonction au moment de la dissolution seront liquidateurs en l'absence de conventions spéciales.

Cette décision ne nous plairait pas dans un grand nombre de circonstances ; car il n'arrive que trop fréquemment qu'il importe aux associés comme aux tiers, de soustraire la liquidation d'affaires mal engagées à des administrateurs coupables de négligence ou de malversation. C'est surtout lorsque la liquidation a lieu avant terme, que la nomination des liquidateurs devient une affaire importante, et nous n'accepterions même pas qu'elle fût déférée à une assemblée générale ordinaire à la simple majorité des votants. Nous sommes de l'avis du Code italien, qui tranche ainsi la question : Pour la nomination des liquidateurs ou leur remplacement en cas de mort, de renonciation ou de révocation, il sera nécessaire de réunir à l'assemblée générale un nombre d'associés représentant les trois quarts du capital social et une majorité de voix représentant la moitié au moins de ce même capital. — Au cas contraire, la nomination ou le remplacement appartiendra au Tribunal de commerce, à la requête des parties intéressées.

Nous rencontrons dans le Code suisse une disposition qui pourra paraître exorbitante; mais nous nous l'expliquons parfaitement par la nécessité de ne pas laisser les pouvoirs sociaux aux mains de ceux qui en ont abusé et auxquels il est toujours facile de se ménager une majorité complaisante. « Le tribunal peut nommer les liquidateurs sur la demande d'un ou plusieurs actionnaires. »

Nous comprenons sans peine qu'il ne serait pas possible de faire accepter en France une pareille disposition, mais au moins ne pourrait-on pas stipuler que les liquidateurs seront nommés par le Tribunal de commerce lorsque la demande en aura été faite par un nombre d'actionnaires représentant au moins le vingtième du capital social, nonobstant toute clause contraire des statuts.

Il résulte de ce que nous avons dit plus haut sur le caractère juridique des liquidateurs qu'ils sont les mandataires d'une société dissoute au même sens que les administrateurs le sont d'une société existante. La loi belge dit avec raison que « les sociétés sont réputées après leur dissolution exister pour leur liquidation. » Ce principe n'est pas contesté en France quoiqu'on ne songe pas à en tirer la conséquence logique qui semble en résulter ; la société doit conserver tous ses organes vitaux, tenir régulièrement des assemblées générales et désigner des commissaires dont la mission sera de surveiller les opérations de la liquidation.

Si la loi en disposait ainsi, nous ne verrions peut-être pas les liquidations s'éterniser en dehors de toute intervention des associés, appelés seulement de temps à autre à toucher quelque mince dividende. Après tout, puisque le liquidateur, même judiciaire, est en réalité le mandataire de la société, le mandant, c'est-à-dire en fin de compte les associés, doivent avoir quelque droit à surveiller l'apurement des comptes et à réclamer ce qui peut leur être dû.

Nous venons de soulever une question qu'il ne serait pas inutile de trancher. Quel est le lien du droit qui unit le liquidateur à la société et aux actionnaires ? Est-ce un mandataire ne différant des autres que par son origine ? Peut-il être révoqué par l'assemblée générale ? Dans quelles circonstances pourrait-il l'être ? Il y a à peu près autant d'inconvénients à proclamer son irrévocabilité absolue comme à le mettre à la merci de la société. Ce sont là des questions de droit fort délicates qu'il serait bon d'éclaircir par quelques dispositions spéciales.

Nous en dirons autant et même davantage des attributions des liquidateurs. Nous ne parlons pas de celles qui rentrent naturellement dans son mandat, lequel consiste à dégager l'actif du passif ; mais cette opération ne peut s'effectuer qu'au moyen d'attributions spéciales dont le caractère et l'étendue incomplètement définis par les usages, ont besoin d'être déterminés par la loi en l'absence de stipulations particulières.

Le liquidateur est appelé à vendre les biens meubles et immeubles : ces ventes s'opéreront-elles à l'amiable ou aux enchères publiques ? Il devra liquider les dettes actives et passives : aura-t-il le droit de transiger et de compromettre ? Les opérations de la liquidation exigent un emprunt : pourra-t-il emprunter sur hypothèque ? constituer un gage ? si les besoins de la liquidation l'exigent, pourra-t-il continuer le commerce de la société, voire même acheter des marchandises ou renouveler un matériel insuffisant ?

Les actions ne sont que la représentation du capital social ; elles doivent être retirées de la circulation : le liquidateur poura-t-il le faire en telle manière qu'il lui plaira? faire l'apport de l'avoir social à une autre société, qui lui remettra en échange des actions libérées ou non libérées ? A leur tour les actionnaires seront-ils obligés de les accepter et d'entrer ainsi dans une nouvelle société, quel que soit d'ailleurs son objet.

Les dettes sont tantôt immédiatement exigibles et tantôt à terme : comment les unes et les autres seront-elles acquittées ? Ici se présente la question si agitée des obligations remboursables à long terme ou par voie de tirage au sort. Le fait de la liquidation les rend-elles remboursables de suite et si les conventions doivent être maintenues et se continuer, quelles garanties devra fournir la liquidation ?

Toutes ces questions et d'autres semblables ont été décidées par la loi belge au grand avantage de tous ; le plus souvent en France les statuts les prévoient, ce qui sauve un peu la situation ; mais il faut convenir que l'état de liquidation dans une société est aussi complexe que celui qui a précédé la dissolution. Il dure de longues années, peut donner lieu à beaucoup d'abus et de même que nous ne saurions admettre l'abstention absolue du législateur dans la constitution et l'administration d'une société, de même nous ne comprenons pas que la liquidation soit abandonnée plus longtemps au régime des usages et aux prescriptions trop vagues et trop peu appropriées du droit commun.

3° *Faillite.* — Mêmes réflexions s'imposent pour la faillite. Les prescriptions du Code de commerce, faites en vue des simples commerçants, ne s'appliquent pas toujours aisément aux sociétés, et en outre il y a des questions qu'elles soulèvent spécialement.

La première consiste à déterminer les effets produits par la mise en faillite d'une société par actions. Celle-ci est-elle dissoute, comme on le croit communément? Mais alors il faut résoudre une autre difficulté plus grande : Une société faillie peut-elle, comme un particulier, obtenir un concordat ? Quelle que soit la solution qu'on veuille adopter, on se heurte à quelque principe ou à quelque règle. C'est une réflexion que nous faisions en lisant le Code italien.

A l'article 188, il dit que les sociétés sont dissoutes : « 4° par la faillite de la société, *alors même qu'elle serait suivie du concordat;* » et à l'article 841 : « que dans la faillite d'une société anonyme qui ne se trouve pas en état de liquidation, le concordat pourra avoir pour ojet la *continuation* ou la cession de l'entreprise sociale. » Si la faillite entraîne la dissolution de la société, comment un concordat peut-il avoir pour objet de continuer cette même société ? Une société dissoute peut-elle continuer ses opérations sans qu'il y ait une société nouvelle ?

Nous devons surtout appeler l'attention du législateur sur la situation mal définie des associés en cas de faillite. Lorsqu'ils n'ont pas encore versé la totalité de leur apport, soit que le versement à faire s'étende à toutes les actions; soit qu'une partie des titres ait été complètement libérée ; sont-ils des débiteurs ordinaires que le syndic peut actionner en tout état de cause, surtout lorsqu'un appel partiel suffit pour parfaire les engagements de la société? La jurisprudence qui décide la question en faveur du syndic, n'oublie-t-elle pas que la liquidation de la faillite doit bien aussi se faire en faveur des associés qui ne sont pas que *des débiteurs*, mais qui sont aussi en quelque sorte *des créanciers*. Et c'est là que réside la plus grande difficulté : le syndic représente d'ordinaire les créanciers et le failli ; jusqu'à quel point représente-t-il aussi les sociétaires qui ne sont *complètement* ni des créanciers ni la société? La jurisprudence oscille autour de ces questions délicates, et il serait bon de l'aider à leur donner une solution satisfaisante.

Nous bornerons à ces quelques points les demandes que nous adressons pour l'extension de la loi de 1867. Il en est certainement d'autres qui réclament l'intervention du législateur. La Commission a eu le tort, suivant nous, de s'en tenir à rectifier et à corriger les défauts des lois existantes : elle eût du sortir de ce cadre un peu étroit et pourvoir à des besoins sérieux par des prescriptions nouvelles. En général nos lois ont en cette matière servi de modèle aux législations étrangères ; celles-ci, après nous avoir suivis longtemps, nous ont devancés : sachons du moins avoir le mérite d'accepter les enseignements qu'elles nous donnent et nous mettre à leur niveau en attendant qu'une législalation uniforme gouverne les sociétés commerciales de toutes les nations commerçantes.

CONCLUSION

————

Notre travail ne serait pas complet, si, après avoir fait la critique de détail toujours un peu minutieuse, nous ne considérions pas l'œuvre de la commission dans son ensemble. Le premier et principal caractère qu'il importe de lui reconnaître, c'est d'être purement et simplement une réparation de cet édifice qui s'appelle la loi de 1867 ; celle-ci subsiste en entier et très reconnaissable. La commission a presque uniquement cherché à la consolider dans les parties où elle avait semblé plus faible ; on ne saurait lui en faire de reproches ; puisqu'elle s'est maintenue dans les termes de la mission qui lui avait été confiée.

Mais il en résulte que, même après l'adoption du projet proposé, nous serons encore loin d'avoir une loi excellente sur les sociétés commerciales ; car une réparation ne saurait enlever les défauts essentiels d'un édifice. La loi de 1867, comme nous avons eu l'occasion de le faire remarquer, ne procède pas par déductions de principes solidement établis ; elle prend et elle accepte la situation telle qu'elle a été faite par les usages du commerce et la législation antérieure ; elle légitime ces usages, les conserve ou leur enlève tout danger par des règlements dont l'efficacité, ainsi que l'a démontré l'expérience, est plus ou moins contestable.

Le projet de loi a donc le tort de s'appuyer sur une loi assez imparfaite et le défaut de continuer ses errements en partant des mêmes données et en recherchant les mêmes fins. Mais encore une fois ces reproches ne sauraient remonter jusqu'à la commission qui est restée dans les limites de son programme. Acceptons donc ses travaux tels quels et cherchons à en apprécier la véritable valeur.

La commission s'est beaucoup attachée à réglementer la constitution de la société. Les nombreuses annuations de sociétés qui se sont produites depuis quelques années avaient naturellement sollicité toute son attention : il était évident que sur ce point la loi de 1867 était très défectueuse.

Nous avons dû constater que, sur cette question fort difficile, l'œuvre de la commission prêtait à de nombreuses critiques. Les modifications qu'elle propose à la loi de 1867 ont surtout le défaut d'apporter des complications nouvelles à des formalités qu'on trouvait déjà trop nombreuses. C'est ainsi que nous avons compté jusqu'à cinq et six assemblées générales qui devraient être réunies en certains cas pour arriver à la constitution définitive de la société ; des réunions aussi réitérées ne sauraient être pratiques. L'expérience avait révélé que malgré le désir du législateur de prémunir les souscripteurs d'actions contre les manœuvres de la ruse et de la fraude, on n'était pas parvenu à assurer la souscription de la totalité du capital social, et le versement effectif du quart et la fixation de leur valeur réelle aux apports en nature. Dans le but de remédier à cet état de choses, la commission propose la nomination d'experts par le tribunal de commerce ; l'idée en elle-même peut être excellente ; mais à la condition d'en rendre l'exécution plus pratique. A notre avis le seul moyen serait de rendre cette nomination obligatoire au lieu de facultative ; on supprimerait ainsi quelques-uns des rouages qui embarrassent au lieu d'activer le fonctionnement de la machine sociale.

Nous avons cherché à cet endroit de notre travail comme en plusieurs autres à faire valoir la nécessité d'une intervention plus prononcée de l'administration ; nous avons dit que certainement elle ne devait pas aller jusqu'au rétablissement de l'autorisation préalable ni à l'organisation d'une surveillance telle qu'on la projette pour une certaine classe de sociétés ; mais que toutefois elle devait se traduire par une surveillance de l'accomplissement des règles légales, et nous avons cherché à démontrer la nécessité et les avantages de la création d'un bureau des sociétés.

La commission ne pouvait songer à modifier les caractères juridiques des divers mandataires sociaux : administrateurs, assemblées générales, commissaires. Si donc les relations entre ces diverses classes continuent à être mal réglées aussi bien que mal déterminées, la faute n'en est point à la commission. Cependant il y avait quelque chose à faire contre les usurpations et les abus des administrateurs. Le rôle prépondérant qu'ils remplissent dans la société leur permet trop facilement d'user de leur pouvoir au préjudice de leurs mandants et dans leur intérêt personnel. Ce serait par exemple un point essentiel, fondamental de leur ôter la faculté de spéculer sur les titres représentatifs du capital de la société. La notion exacte du mandat, c'est que le mandataire doit s'identifier avec le mandant, prendre son lieu et place et s'effacer complètement. Voilà un principe général ; il importe de veiller à son application. Avant tout, il faut que toute spéculation sur les titres de la société, au nom de celle-ci ou au nom personnel des administrateurs soit interdite à ces derniers sous les peines les plus sévères. Le but que doit se proposer la société n'est pas de réaliser des bénéfices par la plus-value donnée à ses actions ; toutes les fois que les administrateurs se livrent à quelque spéculation dans ce but, ils manquent donc à leur mandat.

En conséquence s'il est une prescription légale qu'il soit nécessaire d'édicter, c'est bien une défense absolue aux administrateurs de prendre part à un syndicat formé sur les titres de la société qu'ils dirigent. Quand le syndicat réalise des bénéfices, c'est au détriment des personnes qui ont acheté les titres et sont devenues actionnaires ; s'il produit de mauvais résultats, c'est la société qui est atteinte et il en arrive ainsi le plus souvent parce que l'action a pris une valeur factice et tôt ou tard elle doit revenir à son taux normal.

Constatons d'ailleurs que le projet de loi introduit dans ce titre consacré à l'administration sociale des modifications très heureuses ; cela tient surtout à ce qu'elle s'est attachée à donner la consécration légale à des pratiques et à des usages que l'expérience avait sanctionnés. Toutefois nous devons faire une réserve à propos du rachat des actions ; par ses prescriptions, que nous avons dû critiquer sévèrement, la commission laisse en réalité subsister, si elle ne l'augmente pas, un danger qu'elle voulait prévenir et elle fournit un nouvel instrument de spéculation des plus redoutables pour les sociétés aux administrateurs, facilement tentés de courir des chances d'autant plus séduisantes qu'elles sont plus aléatoires.

Malgré son programme si restreint, la commission a inséré deux titres nouveaux dans le projet de loi ; on ne saurait trop l'en féliciter. L'un est relatif aux obligations ; elle a fait de louables efforts pour réglementer cette matière si importante à raison de l'usage fréquent que font les sociétés de ce genre d'emprunt. Ce titre est en général bien composé ; nous avons dû seulement faire quelques réserves sur le chapitre des assemblées d'obligataires, dont la commission semble n'avoir vu que les avantages sans apercevoir aucun des inconvénients. En général les pouvoirs les plus ignorants sont les plus dangereux ; la masse des actionnaires et des obligataires ne connaît guère et comprend moins encore les questions qui lui sont soumises ; elle s'éclaire volontiers aux discours de ceux qui flattent leurs passions et leurs espérances ; elle donne ses suffrages plus facilement à ceux qui critiquent et qui dénigrent qu'à ceux qui agissent. Au lieu d'être utiles, les assemblées générales sont trop souvent nuisibles. En conséquence c'eût été assez faire en faveur des assemblées d'obligataires que de leur concéder la faculté de nommer des mandataires chargés de soutenir leurs intérêts en justice ou de les représenter ; tout au plus fallait-il prendre garde à ce que la nomination des mandataires offrît des garanties sérieuses et réelles. Sur ce point le projet de loi devra être sérieusement modifié.

Le deuxième titre réglemente la situation des sociétés étrangères qui forment un établissement en France. Il fera cesser une inégalité choquante que les circonstances avaient introduite au préjudice grave des compagnies françaises. En rétablissant l'égalité sans aller au delà, la commission nous semble avoir trouvé la note juste. Cette égalité elle-même, on peut le dire, est une protection ; mais elle se justifie par les avantages incontestables que les compagnies étrangères procurent au pays où elles s'établissent et par la nécessité d'établir la réciprocité en faveur des sociétés nationales qui ouvrent des succursales à l'étranger.

Nous ne répéterons pas ce que nous avons dit à propos des sociétés en commandite par actions ; nous croyons avoir démontré les avantages comme aussi la facilité qu'il y aurait à les assimiler plus complètement aux sociétés anonymes. Cependant il serait conforme aux principes et aux traditions juridiques d'assurer aux gérants responsables *in infinitum* une certaine indépendance vis-à-vis des assemblées générales d'actionnaires.

La commission, en vue d'augmenter la publicité, propose la création d'un journal spécial dont le titre tout seul indique l'utilité et les avantages : *le Recueil des sociétés* serait une innovation heureuse qui permettrait de supprimer les insertions dans d'autres journaux qui ne se lisent pas couramment et le dépôt aux greffes de justice de paix, où personne ne va consulter. A quoi bon grever les sociétés de formalités inutiles ? Du reste sur ce point nous rappelons que nous ne voudrions pas seulement un recueil, mais aussi un bureau des sociétés qui fournirait à tous les renseignements utiles sans qu'on ait à les chercher dans des journaux parus depuis longtemps.

Les sanctions pénales ont été très heureusement groupées dans un seul titre ; nous eussions voulu les voir s'étendre à la violation de plusieurs prescriptions de moindre importance et qui ne tombent pas sous la sanction civile.

Nos plus grandes critiques porteraient plutôt sur les points que la commission a omis de traiter et qui pourtant s'imposaient pour ainsi dire à son attention. Une loi est-elle suffisante lorsqu'elle ne traite pas de faits importants, considérables et fréquents ? Or le projet de loi, non plus que la loi de 1867, ne parle ni de la fusion, ni de la liquidation ni de la faillite ?

Est-il possible de ne tracer aucune règle applicable à ces opérations compliquées, délicates, où il est si facile de tromper le public et qui se font journellement en vue d'opérer la fusion de plusieurs sociétés ?

La liquidation si difficile peut-elle n'être régie que par

les principes du droit commun ? En général (le fait est incontestable), les liquidations de sociétés sont très coûteuses et interminables ; elles s'opèrent sans contrôle, en dehors des actionnaires. Il nous semble que la commission à l'exemple des législations étrangères, aurait dû tracer quelques règles de conduite, n'eût-ce été que pour indiquer que la société conserve son individualité juridique pendant la période de liquidation et que ses organes ordinaires, les administrateurs remplacés par les liquidateurs, les assemblées générales et les commissaires doivent continuer à fonctionner d'une manière normale.

Ce que nous venons de dire pour la liquidation, nous le répéterons à fortiori pour la faillite. Les caractères juridiques d'une société par actions rendent très difficile l'application des principes généraux ; on peut s'en convaincre par les décisions nombreuses de la jurisprudence. En outre il n'est pas toujours possible de procéder par des conclusions logiques ; il faut avoir recours aux exceptions ; par exemple une société a été déclarée nulle ; en principe elle n'a pas et n'aurait jamais eu une existence juridique ; on a pourtant été contraint de lui reconnaître la qualité de personne morale, distincte de la personne des associés, et dernièrement la cour de Lyon a décidé qu'une telle société pouvait être déclarée en faillite. Nous avons aussi fait remarquer en son lieu que la situation des actionnaires en regard du syndic avait besoin d'être déterminée d'une manière plus précise.

Nous concluons donc que l'œuvre de la commission est incomplète parce qu'elle ne contient aucune prescription relative à trois états de la société qui donnent lieu le plus souvent aux difficultés les plus graves. Le tort de la commission est d'autant moins excusable qu'elle avait dans ses mains le texte des lois étrangères, qui lui rendait ce travail relativement facile. Espérons que la commission parlementaire comblera une lacune aussi regrettable.

Quoi qu'il en soit, le projet de loi est une œuvre sérieuse, qui dénote une connaissance approfondie des matières traitées et un travail discuté avec soin. Il fait honneur aux membres de la commission qui l'ont rédigé et il indique en outre une entente des dangers et des maux auxquels il fallait porter remède. Nous souhaitons vivement que ces travaux ne demeurent pas inutiles et qu'une nouvelle loi sur les sociétés nous aide à sortir de la crise si grave que nous traversons et dont les sociétés ont été peut-être la principale cause.

Il ne faut cependant rien exagérer, si le travail de la commission extraparlementaire mérite des éloges par les louables efforts qu'il indique ; le dernier mot n'était pas dit. Il appartenait au gouvernement de profiter de ces travaux pour présenter un projet plus complet, plus ordonné, reposant sur des bases solides négligées par la commission, s'occupant des principes et de leurs conséquences et présentant un édifice solide et durable. Le gouvernement s'est contenté de copier servilement ; à d'autres, aux représentants du pays, il convient de parfaire cette œuvre incomplète et ne répondant qu'aux besoins du moment.

TROISIÈME PARTIE

EXAMEN DU RAPPORT DE LA COMMISSION SÉNATORIALE [1]

Le projet du gouvernement, que nous venons d'analyser et de discuter, a été soumis au Sénat, et la commission sénatoriale, chargée de l'examiner, vient de déposer son rapport. Nous ne saurions mieux faire que de nous livrer à l'étude des quelques modifications que cette commission propose de faire subir au projet.

Le rapport débute par une revue rapide de la législation en matière de sociétés commerciales ; il ne lui est pas difficile de démontrer que cette législation, malgré des retouches nombreuses, est restée aussi insuffisante qu'incomplète, et de justifier ainsi l'opportunité d'une retouche nouvelle. Il réfute en passant les deux opinions extrêmes de ceux qui voudraient retourner trop en arrière, jusqu'au rétablissement de l'autorisation préalable, et de ceux au contraire qui se lanceraient volontiers dans l'inconnu d'une liberté sans limites. Enfin il termine ce préambule en traçant à grands traits le programme que le gouvernement s'est proposé de remplir et auquel la commission se rallie sans difficulté.

« Combler les lacunes de cette loi, faire disparaître les « omissions, suppléer à ses insuffisances, éclaircir ses diffi- « cultés, améliorer sans détruire, réparer sans reconstruire,

---

[1] Au moment de mettre sous presse, nous avons eu connaissance du rapport de la Commission sénatoriale, qui a paru dans le *Droit* (numéros du mois de septembre), nous nous empressons de l'examiner.

« chercher des remèdes à des maux que ses devanciers
« n'ont pas su ou dû prévoir, empêcher dans la mesure
« du possible les manœuvres du dol, déjouer les calculs de
« la fraude, serrer les mailles du filet au travers desquelles
« elle est parvenue à se glisser ; prévenir, quand il est temps,
« réprimer, quand il est trop tard, et cela en se garant d'un
« excès dans l'indulgence et d'une exagération dans la sé-
« vérité, de façon à rendre plus sûr, sans le rendre trop
« difficile, le fonctionnement de cette admirable machine
« qui s'appelle la Société ; sans briser ce magnifique instru-
« ment qu'on appelle l'action ; ne point sacrifier la liberté
« des conventions à l'intérêt de ceux que leur crédulité et
« leur confiance peuvent entraîner dans des placements dan-
« gereux et ne point non plus sacrifier cet intérêt, qui est
« celui du plus grand nombre, à la liberté des conventions :
« tel est le but que le gouvernement s'est proposé. »

Tout cela est dit en fort bons termes et dénote une connaissance exacte des besoins des sociétés ; mais nous avons
toutes raisons de craindre que le projet de loi ne mette pas
ce programme à exécution dans toute sa teneur.

Avant de passer aux articles, M. le Président de la commission a cru devoir entrer profondément dans une discussion byzantine, sans utilité et sans conclusions pratiques.
Quelle différence y a-t-il entre une action et une part d'intérêts ? Nous nous rappelons avoir été témoin d'une discussion
fort vive à propos des caractères distinctifs de *la colonne*
et *du pilier*. L'un des combattants soutenait qu'une colonne
est un pilier rond et que le pilier est une colonne carrée.
De même, *pratiquement*, *l'action* est la *part d'intérêts* dans
une société par actions, et *la part d'intérêts* est *l'action*
qu'on possède dans une société en commandite simple.
Toutes les discussions se ramènent à cette conclusion : dès
lors, à quoi bon s'y arrêter ?

ARTICLE 1ᵉʳ

CONSTITUTION DE LA SOCIÉTÉ

Nous arrivons aux articles : M. le Président de la commission s'efforce de justifier, surtout par des citations, l'article 2, qui est relatif au chiffre de sept associés requis sous peine de nullité dans les sociétés anonymes. Nous persistons à croire, avec M. E. Picard, que c'est un chiffre fantaisiste, en dépit de la réponse que lui fit M. Mathieu, que les Anglais l'avaient adopté par une intelligence pratique des besoins de la société anonyme. Cette assertion n'est pas exacte ; les Anglais ont eu un motif particulier qui n'a rien à voir avec leur intelligence pratique ; rien ne prouve que la société anonyme ait besoin de sept associés, et quant au danger de la confondre avec la société en nom collectif, il est aussi réel avec sept ou huit associés qu'avec cinq ou six seulement. Du reste, nous sommes d'accord avec M. le rapporteur : Pourquoi pas ce chiffre? — Mais nous ne saurions accepter que la nullité de la société soit attachée à la non-observation de cette prescription ; une amende imposée aux associés au-dessous de sept ne serait-elle pas suffisante?

A l'article 3, la commission a permis des actions ou des *coupures* d'action (correction grammaticale) de 50 francs dans les sociétés au capital de 100,000 francs au plus. Nous n'y voyons pas plus de grands avantages que de grands inconvénients.

Voulant couper court à ce qu'elle appelle une jurisprudence trop indulgente, elle exige rigoureusement que le
versement du quart se fasse *en espèces*. Nous ne croyons
pas que cette addition suffise à empêcher les fraudes si
nombreuses qui se produisent sur ce point.

Est-il bien sûr d'ailleurs que la jurisprudence se soit
montrée trop indulgente? Est-ce que des valeurs d'une
réalisation immédiate et certaine n'équivalent pas à des
espèces? — Non, dit le rapport, excellentes au jour du
versement, elles peuvent devenir mauvaises le lendemain,
détestables quelques jours après. — Mais alors elles n'étaient
pas d'une réalisation immédiate et certaine. Nous mainte-
nons aussi nos observations sur l'indication du lieu de dépôt
de ces versements. C'est quelque chose, ce n'est pas assez;
avec ce système incomplet, il sera toujours aisé de trouver une société complaisante, d'une notoriété suffisante
pour servir de *compère* à des fondateurs malhonnêtes,
sans que le public, aussi ignorant que crédule, puisse s'a-
percevoir du danger. Pourquoi ne pas faire comme en Italie, désigner un certain nombre de maisons de banque que
leur notoriété, leur situation, mettront à l'abri de tout
soupçon de complicité et de complaisance?

La commission sénatoriale accepte, sans y rien changer,
le système des titres nominatifs jusqu'à leur entière libération. Les souscripteurs originaires et leur divers cessionnaires demeureront responsables de la totalité du titre
pendant les deux ans qui suivront, pour les premiers, la
constitution de la société ; pour les seconds, l'acquisition de leurs actions. Mieux eût valu, à notre sentiment,
établir que, deux ans après la constitution de la société,
il ne subsistera plus de responsabilité que pour le détenteur actuel. Le privilège ne sera-t-il pas de cette manière
assez considérable pour la société, et d'autre part est-il

bien juste de laisser retomber longtemps sur les cessionnaires une charge dont ils n'ont pas le droit de mesurer
l'étendue puisque les titres qu'ils acquièrent ou qu'ils cèdent,
leur viennent par les hasards de la bourse ; ce qui fait que
cette responsabilité si lourde n'est pas en réalité la résul-
tante exacte de leur volonté et de leurs actes.

L'innovation la plus hardie et la plus considérable de la
commission sénatoriale porte sur l'article 7 du projet. Le
plus ordinairement dans les sociétés, les actions représentent : 1° un capital souscrit en numéraire ; 2° les apports
faits en nature. La loi de 1867, conforme à la législation
antérieure, a établi que les premières pouvaient n'être libérées que partiellement, à la condition toutefois que le quart
au moins du montant de chacune d'elles serait versé immédiatement. Ces dispositions étaient-elles applicables à la
seconde catégorie d'actions ? en d'autres termes pouvait-on,
en représentation des apports en nature, délivrer des titres
libérés partiellement, et en ce cas, y avait-il obligation de
verser par analogie un quart en numéraire ? Au silence de
la législation, la jurisprudence embarrassée admettait assez
généralement la délivrance d'actions libérées partiellement ;
mais plusieurs arrêts importants avaient décidé qu'en conformité à la loi de 1867, il fallait en ce cas qu'il y eût un
quart versé en numéraire. L'an dernier, la Cour de cassation
s'est prononcée et a décidé qu'il n'y avait point obligation
de verser ce quart en espèces sur les actions représentatives des apports en nature. Le projet de loi, à peu près à
la même époque, trancha la question législativement dans
le même sens, et pour notre part, nous accueillîmes avec
satisfaction une décision qui nous semblait conforme à la
logique et au bon sens, et que nous avions soutenue éner-
giquement dès 1880. (*Traité des Soc. Comm.*)

A notre grand étonnement, la commission sénatoriale a

tout changé. En premier lieu les apports en nature ne pourront plus être représentés que par des actions totalement libérées. Il n'y a donc plus à se préoccuper du versement du quart. Il ne faut pas se dissimuler que c'est là une première entrave apportée à la liberté des conventions, qui peut avoir les plus fâcheux effets pour l'avenir des sociétés par actions. M. le rapporteur, résumant ce qui peut se dire pour ou contre, prétend que la spéculation s'exerce sur un plus grand nombre de titres lorsqu'ils sont délivrés libérés partiellement et que leur multiplicité tend à diminuer le nombre des souscripteurs en numéraire. Il n'est pas malaisé de répondre que, si elle est plus étendue, la spéculation est bien plus difficile pour des gens attachés à la société pendant un certain temps, sinon comme détenteurs actuels, au moins comme souscripteurs originaires ; que le législateur n'a peut-être pas à se préoccuper du plus ou moins grand nombre des souscriptions en numéraire, et qu'en tous cas, ce sont précisément les exigences nouvelles de la loi qui amèneront à un recours plus fréquent aux obligations.

En effet, non contente de supprimer les titres libérés partiellement, la commission sénatoriale veut que les actions ne puissent être détachées de la souche et ne soient négociables que deux ans après la constitution définitive de la société. Qui ne voit les inconvénients d'un pareil système? Un apporteur abandonne et cède la propriété d'un immeuble ou d'une usine à une société moyennant mille actions de 500 francs par exemple. Pendant que celle-ci entre en jouissance immédiate de l'apport qui lui est fait, au point qu'à son tour elle a le droit absolu de l'aliéner; l'apporteur est lié pour deux ans ; il subit les risques d'une exploitation malhabile ou malheureuse; il est exposé à l'un de ces coups du sort que la prudence et la sagesse humaines ne peuvent conjurer, et il peut arriver qu'au bout des deux années, soit par les spéculations malheureuses de la direction sociale, soit par le contre-coup d'une crise générale, ses actions de 500 francs soient tombées à 300 francs. Quel est l'homme sage et habile qui consentira à courir de tels risques? On peut donc dire que c'est une manière de constituer une Société qui tombera en désuétude. Les apporteurs *vendront ferme* à la Société, et celle-ci, forcée d'avoir des fonds plus considérables à sa disposition, sera amenée nécessairement à faire un appel à des obligataires.

La commission sénatoriale, convaincue de l'excellence de l'innovation d'ailleurs si peu pratique qu'elle se proposait d'introduire dans la législation des sociétés par actions, a voulu lui donner une extension plus considérable en l'appliquant à une catégorie de sociétés qui sont un grand danger pour le public ignorant et crédule, parce qu'elles se forment, pour ainsi dire à huis clos, en dehors de toute intervention législative. La loi les dispense des formalités ordinaires, parce qu'elles se forment en présence de toutes les parties, tantôt propriétaires par indivis de l'objet social, tantôt apporteurs et souscripteurs tout à la fois sans intervention du public. Une fois la société ainsi constituée, les actions sont offertes par des prospectus mensongers, et c'est un moyen si facile de tromper, que nous nous étonnons qu'il n'ait pas été plus souvent employé. Il est évident qu'un tel danger appelait l'intervention du législateur, et nous l'avons nous-même sollicitée. La commission sénatoriale apporte un remède si violent qu'il peut tuer le malade en voulant le guérir. Donc en ces sociétés les actions devront être libérées entièrement, et elles ne seront négociables qu'après deux années écoulées (*grande socialis ævi spatium !*). Pendant ce laps de temps que seront ces sociétés dont les titres ne sont pas négociables ? N'avons-nous pas raison de dire qu'une pareille mesure est le bouleversement de l'économie des sociétés. Mieux vaut encore la surveillance administrative que de semblables restrictions, qui stérilisent l'époque de la première expansion.

Il nous reste peu de chose à dire relativement à la constitution de la société ; vu que la commission sénatoriale a adopté sans modifications notables le projet de loi que nous avons déjà étudié sérieusement. Nous nous contenterons de rappeler en les confirmant nos deux conclusions principales : 1° Le système de loi de 1867 était trop compliqué ; les législations étrangères qui l'ont pris pour modèle, ont cru devoir le simplifier. Bien loin de les suivre dans cette voie, le projet a augmenté le nombre des formalités ; il n'est donc pas acceptable en ce point. 2° Les mêmes législations étrangères se sont ralliées à un système que nous avons beaucoup prôné ; elles ont créé un bureau des sociétés, où se concentrent tous les renseignements désirables sur chacune d'elles et qui a, dans ses attributions, la charge de vérifier si les dispositions législatives ont été observées sans s'immiscer en rien dans les conventions de l'administration sociale. Nous renvoyons à ce que nous en avons dit plus haut.

ARTICLE II

La commission sénatoriale a détaché de la définition des administrateurs donnée par l'article 21 de la loi de 1867 et reproduite par le projet de loi le principe de la révocabilité, afin de l'affirmer davantage.

Les administrateurs sont toujours révocables.

« Aucune distinction, explique le rapport, n'est à faire
« entre les administrateurs désignés par les statuts et ceux
« nommés par l'Assemblée générale. » Sur ce point nous sommes d'accord.

« Ce droit ne peut être supprimé ni *restreint ;* il est de
« l'essence des sociétés anonymes que le pouvoir exécutif
« soit à la merci du pouvoir parlementaire. »

Contrairement à ce principe, le Code suisse admet que ce droit peut être restreint par une convention d'indemnité. C'est bien des fois l'intérêt de la société qui l'exige; à cette condition seule elle pourra souvent trouver un administrateur qui lui consacrera son temps, sa science technique et son expérience, en abandonnant une situation acquise, mais moins avantageuse et qui ne saurait le faire s'il n'est pas rassuré sur l'avenir dans le cas d'un dissentiment avec l'Assemblée générale. Cette indemnité éventuelle devrait être, nous semble-t-il, classée et approuvée comme avantage particulier.

La Commission a fait disparaître avec raison l'expression

« se substituer » appliquée à la délégation faite de ses pouvoirs à un directeur par le conseil d'administration.

A l'article 23, qui définit les pouvois de l'Assemblée générale extraordinaire, la commission s'est prononcée dans un sens opposé à celui que l'auteur de l'exposé des motifs du projet de loi avait adopté. Suivant lui, cette assemblée avait le droit de modifier les statuts à moins d'une restriction apportée par la loi ou par les statuts eux-mêmes. La commission, au contraire, dit expressément que ce droit de modification n'existe qu'autant qu'il a été conféré expressément, vu que les statuts sont la loi constitutive de la société et que ceux-là seuls (l'unanimité des associés) qui les ont faits, ont pouvoir de les modifier à moins d'une délégation spéciale. L'introduction de ce principe dans la loi ôte tout intérêt à la discussion.

De l'article 23, nous passons sans discussion à l'article 33, qui traite de la question majeure du rachat des actions. Si le projet de loi avait soulevé sur ce point de graves et nombreuses controverses, en revanche, la commission a simplifié les difficultés en telle sorte qu'en réalité il n'en existe plus. Elle n'autorise le rachat des actions, qui devront être annulées immédiatement, que dans deux cas: 1° pour une diminution de capital ; 2° pour un amortissement prévu par les statuts. Or rien de plus régulier que ces deux opérations. Si une société diminue son capital social, il est évident qu'elle doit annuler les actions représentatives de la portion diminuée ; elle fait alors *partiellement* ce qui se fait *totalement* à la dissolution. Quant à l'amortissement qui peut se faire en deux manières : — ou bien la société rachète les actions pour les annuler, ou bien elle se contente de les rembourser en laissant le titre entre les mains du détenteur avec certains droits définis, — il n'y a que dans le premier cas que l'amortissement constitue une diminution de capital, et l'opération se fait alors dans les mêmes termes et conditions que la précédente.

Lors donc que la commission autorise le rachat des actions de la société dans ces deux hypothèses, elle ne fait que constater un droit qui découle naturellement et nécessairement de la faculté de diminuer le capital qu'on s'accorde aujourd'hui à ne pas refuser aux sociétés par actions.

A notre avis, elle a eu tort de ne pas aller plus loin, et de se retrancher dans ce principe trop absolu : une société qui rachète ses actions diminue son capital. Il est très facile de prévenir les abus en se renfermant dans une défense générale qui ne souffre aucune exception ; mais encore conviendrait-il d'examiner si quelque dérogation à un principe absolu ne présente pas des avantages qui en font oublier les dangers ou les inconvénients, surtout s'il est loisible par des dispositions restrictives d'atténuer au moins le mal ou le danger. Or il est incontestable que le rachat des actions de la société, opéré avec les bénéfices sociaux en dehors de la réserve statutaire, peut devenir, pour plusieurs motifs, très avantageux pour une compagnie financière ou autre, et que d'autre part il est non seulement possible, mais aisé de prévenir les abus en entourant de mesures restrictives l'exercice de ce droit.

Lors de la discussion de la loi de 1867, les premiers jurisconsultes de l'époque se prononcèrent hautement dans ce sens ; ils firent valoir, les uns, comme M. Duvergier, que c'était un bon placement du capital social dans certaines circonstances données ; d'autres, avec M. Baroche, soutenaient qu'au temps de l'adversité, on ne pouvait incriminer la conduite d'un gérant qui avait racheté des actions dans la prospérité. Le conseil d'Etat refusait de défendre ce rachat, parce qu'il était souvent le seul moyen de défense contre les manœuvres déloyales et ensuite parce que ce rachat peut être un emploi utile des fonds de la société. Nous connaissons pour notre part une compagnie qui est dans une bonne situation et qui possède un fonds de réserve relativement considérable. Les derniers événements financiers ont injustement déprécié ses titres, quoiqu'elle serve régulièrement des dividendes rémunérateurs. Son conseil d'administration méticuleux ne veut pas racheter d'actions avec les fonds de la réserve, et se contente d'un intérêt minime, tandis que le rachat lui procurerait actuellement de gros bénéfices.

Certes, il ne serait pas difficile de prévenir les abus. Personne plus que nous ne s'est élevé contre les dangers de la spéculation tentée par les administrateurs. Nous avons dit et nous continuons à affirmer qu'aucune œuvre de revision ne sera satisfaisante et durable, tant qu'on n'interdira pas aux administrateurs sous les peines les plus sévères de spéculer sur les titres de la société et de prendre part à des syndicats à la hausse ou à la baisse sur ces actions. Précisément sur cette question du rachat, nous avions adressé au projet de loi le grave reproche de favoriser ces malheureuses spéculations par son article 34 antijuridique et que les nouvelles décisions de la commission ont fait heureusement disparaître ; nous sommes donc au fond de l'avis de la commission ; si le rachat des actions prête à la spéculation, il faut l'interdire absolument ; mais si, par de sages mesures, on peut parer à l'éventualité de ce danger, pourquoi ne pas concéder un droit d'autre part si avantageux ? L'intervention obligatoire de l'Assemblée générale dans toute négociation relative à un rachat ou une revente d'actions nous paraît de nature à empêcher les abus. Nous avons donc confiance que le Sénat reviendra sur cette décision contraire aux intérêts des sociétés en général.

Il ne nous reste plus sur l'article de la vie sociale qu'à

revenir encore sur la question si importante de la responsabilité des mandataires de la société. On sait qu'elle découle de deux sources, parce qu'ils sont tout à la fois mandataires de la société, et à ce titre ils sont soumis à toutes
les règles du mandat; et mandataires de la loi, qui les rend
responsables, suivant certaines règles et dans une certaine
mesure, des infractions commises à ses prescriptions; c'est
à cette dernière responsabilité que nous voulons nous arrêter. On voudra bien relire ce que nous avons écrit précédem-
ment à ce sujet sur lequel déjà nous nous étions étendu
fort longuement dans notre *Traité des sociétés commerciales*. M. le Président de la commission nous permettra
bien de regretter ici qu'il s'attache trop exclusivement à la
lecture des ouvrages, d'ailleurs si remarquables, de M. Vavasseur ; il eût trouvé autre part des renseignements historiques sur l'article 42 de la loi de 1867, qui lui eussent
fait connaître comment une suppression d'article avait
amené une erreur de rédaction et donné à cedit article 42
un sens erroné. C'est en prenant pour bases ces renseignements que nous avons soutenu et que nous continuons
à soutenir que déclarer responsables les administrateurs,
au même titre et au même degré que les fondateurs, des
nullités de la société, sous prétexte que la nullité ne se
produit réellement qu'après leur acceptation, c'est poser
un principe injuste et qui repose sur une subtilité d'interprétation, indigne de la Cour de cassation qui l'a énoncée
la première. Il y a une différence énorme entre la participation directe et effective à un acte et l'acceptation posté-
rieure de ce qui a été fait. Si les administrateurs peuvent
être déclarés responsables des nullités de la société; c'est
au même titre que les commissaires le sont en vertu de
l'article 16.

L'article 40 (projet de la Commission), s'il est rédigé logiquement, doit être corrélatif à l'article précédent, divisé en deux paragraphes, qui, chacun, traitent d'une nullité d'un genre différent. *Paragraphe 1er*. — Nullités de la société se produisant au cours de sa constitution. *Paragraphe 2e*. — Nullité des actes et délibérations se produisant au cours de la vie sociale. Le but de l'article 40 est évidemment d'indiquer et de distinguer tout à la fois les responsabilités qui découlent de chacune de ces nullités ; il doit donc être ainsi conçu :

Paragraphe 1er. — Sont responsables solidairement de la nullité de la société les fondateurs auxquels elle est imputable ; — peuvent être déclarés responsables de cette même nullité ceux des associés dont les apports et les avantages n'ont pas été vérifiés et approuvés conformément aux articles 10 et 11 ; les administrateurs, ainsi que les commissaires en fonction au moment où la société a été définitivement constituée.

Paragraphe 2e. — Sont responsables solidairement de la nullité des actes et délibérations se produisant au cours de la société, les administrateurs en fonction au moment où cette nullité est encourue.

Qu'on veuille bien le remarquer : au sens grammatical le texte de la commission ne vise que la nullité de la société et n'indique pas quelles sont les personnes responsables des nullités qui se produisent au cours de la vie sociale. En second lieu il ne distribue pas les responsabilités assez équitablement.

Quoique l'article 43 ait été remanié, nous ne saurions encore en accepter la rédaction obscure et entortillée. Pourquoi ne pas dire simplement : Lors même que la nullité de la société aura été prononcée, il n'en existe pas moins au regard des tiers une société de fait conservant sa *personnalité juridique* ? On comprendra alors sans peine que les créanciers sociaux conservent sur les créanciers personnels des associés un droit de préférence, qui s'exerce sur tout l'actif social à réaliser. Singulière persistance à vouloir garder sous le voile du mystère une personnalité dont la présence réelle est aussi tangible que nécessaire.

_____

ARTICLE III

SOCIÉTÉS A CAPITAL VARIABLE. — OBLIGATIONS

SOCIÉTÉS ÉTRANGÈRES

SANCTIONS PÉNALES. — DISPOSITIONS SPÉCIALES

Nous ne nous arrêterons pas aux trop légères modifications que la commission propose d'introduire dans la législation des sociétés en commandite par actions ; nous nous sommes expliqué assez clairement sur ce point ; à notre avis, il n'existe aucun motif plausible de maintenir un si grand nombre de différences entre ces sociétés et l'anonymat : à quoi bon alors s'arrêter à des détails ?

Le projet de loi n'avait pas voulu toucher aux sociétés à capital variable, par ce motif qu'une commission d'enquête étudiait les sociétés de production et qu'il serait temps de proposer des modifications s'il y avait lieu, lorsque cette commission aurait déposé son rapport. La commission sénatoriale est entrée dans ces vues, et comme l'enquête était terminée, elle s'est fait un devoir d'aborder la question et de chercher à la résoudre.

M. le rapporteur est entré dans quelques détails historiques sur les associations ouvrières en général et sur la législation qui leur a été appliquée depuis qu'elles ont appelé l'attention du gouvernement. Il constate que dans l'enquête susdite trente-quatre associations parisiennes ont été entendues ; que six parmi elles sont antérieures à la loi de

1867; que des vingt-huit autres dix-huit seulement sont à capital variable. Il avoue d'ailleurs qu'aucune société en dehors de ces associations, n'a songé à revêtir cette forme. Nous avons été étonnés de voir M. le rapporteur se féliciter de ces résultats, qu'il prétend merveilleux en eux-mêmes et de nature à faire l'éloge de la loi de 1867.

Par une coïncidence singulière, le même numéro du *Droit* qui contenait cette partie du rapport de M. Bozérian, où il se montre si optimiste, renfermait à sa troisième page un article de M. Malapert (un pessimiste), qui constatait, en s'appuyant sur les mêmes données, que les associations ouvrières n'ont réussi ni en France ni à l'étranger !

Le fait est qu'une loi générale qui ne se trouve appliquée présentement sur le sol aussi favorable de la ville de Paris que par dix-huit associations ne fait pas preuve d'une grande fécondité, et nous croyons avoir eu raison d'écrire en 1881 : « Mais à dire franchement la vérité, le mouvement coopératif est fort enrayé dans notre pays, et s'il convient de taxer Thiers d'exagération, lorsqu'il écrivait en 1850 que les associations ouvrières sont de l'anarchie et de la folie, on peut sourire aussi en entendant le rapporteur de la loi de 1867 s'écrier qu'il assiste à une transformation dont l'avenir sera rempli ! » (Rapport sur la loi de 1867, LXXXVII.)

Du reste la commission sénatoriale n'a fait subir à la loi sur ce point que des retouches légères, sur lesquelles nous ne voyons pas la nécessité de nous arrêter plus longtemps.

Relativement à la publicité ; le projet de loi ne proposait qu'une seule modification importante, que la commission n'a pas fait de difficulté d'adopter. Le *Recueil des sociétés* est en effet une amélioration sérieuse, quoique nous ne la jugions pas suffisante. Nous voudrions la création d'un bureau des sociétés, où le service de la publicité serait cen-

tralisé avec avantage ; comme nous le démontre l'exemple
de l'Angleterre, de l'Allemagne, de la Suisse et d'autres
pays. Il nous semble que la commission aurait au moins
dû examiner mûrement la question. M. Mathieu, le rapporteur de la loi de 1867, disait avec raison que ce n'était
pas assez de rendre possible aux particuliers la connaissance des faits et des actes sociaux ; il fallait encore et
surtout la rendre facile. Or l'expérience a démontré qu'on
ne songe guère à se rendre aux différents greffes, encore
moins à puiser dans des journaux que bien peu de personnes ont sous la main les renseignements nécessaires,
et si le *Recueil des sociétés* présente incontestablement
des facilités que n'offraient pas ces journaux si peu acces-
sibles, on peut encore se demander si c'est assez faire et
s'il ne serait pas opportun d'aller jusqu'à la création d'un
centre connu de tous, accessible à tous, où chacun serait
assuré de trouver sans peine tous les renseignements désirables. Nous insistons donc sur la création du bureau des
sociétés, ne serait-ce qu'au point de vue de la publicité et
sans parler des autres avantages qu'on en retirerait infailliblement.

Nous n'avons pas été grandement surpris que la commission se soit abstenue d'opérer de grands changements
dans le titre V: des obligations. Elle a cependant discuté
sérieusement s'il convenait de limiter le capital obligations
par le chiffre du capital actions, soit versé soit souscrit.

Deux opinions se trouvaient en présence, les objections
que nous avons rapportées ailleurs ont été mises en avant
et comme la commission s'est néanmoins prononcée contre
la restriction, M. le rapporteur a dû faire une réponse
à ces objections. Cette réfutation se résume à dire qu'une
restriction semblable n'est pas admissible dans les compagnies qui, comme le Crédit foncier, n'usent du capital

actions que comme capital de garantie d'un mouvement de
fonds bien plus considérable, et que, dans d'autres sociétés
qui se forment, par exemple, pour l'exploitation d'une
usine, on ne peut le plus souvent trouver un capital d'exploitation qu'en émettant des obligations. Sur ce second
point, nous admettons fort bien que si l'usine vaut quatre
millions, on peut augmenter cette somme dont elle est la
garantie; mais, à notre avis, c'est ouvrir la voie à une
spéculation frauduleuse que de tolérer un emprunt de six
ou huit millions fait à un public trop facile à éblouir. Du
reste, n'est-ce pas répondre à la question par la question?

Quant au Crédit foncier et autres compagnies similaires,
l'économie de leur fonctionnement les place dans l'exception facile à prévoir et à réglementer ; le capital actions
n'est alors qu'une garantie d'un ordre supérieur ; car la
véritable garantie, ce sont les prêts correspondants à l'obli
gation; ces prêts forment une sûreté d'un ordre spécial
que les commissaires doivent surveiller suivant l'article 84
du projet de loi.

Ajoutons encore, pour corroborer tout ce que nous avons
eu l'occasion de dire sur ce sujet, que si jusqu'à présent
la facilité de spéculer sur les actions a empêché de graves
abus de se produire sur les obligations, il n'est pas douteux que la sévérité des nouveaux règlements appellera
l'attention sur les obligations et que ce sera le danger de
l'avenir pour les sociétés.

La commission a pourtant inséré dans le titre un article
reproduisant la loi belge et relatif à la valeur qu'il conviendra d'attribuer désormais aux obligations remboursables par voie de tirage au sort, dans les cas de faillite
ou de liquidation de la société. La jurisprudence était fort
partagée sur cette matière; nous n'avons pas de préférence pour un système plutôt que pour un autre ; l'impor-

tant était surtout d'établir une règle ; la commission l'a
fait ; nous ne voulons que l'en féliciter.

Il était impossible de remanier la loi de 1867 sans s'occuper des sociétés étrangères ; nous avions fait remarquer
qu'elles jouissaient en France de nombreux privilèges ;
qu'il était contre toute justice de leur faire une situation si
avantageuse au détriment des compagnies nationales. Le
titre qui leur est consacré dans le projet de loi a surtout
pour but de les placer dans le droit commun ; la commission
l'a adopté sans peine. Nous avons eu toutefois la singulière
surprise d'apprendre qu'une vingtaine de compagnies françaises d'assurances sur la vie avaient demandé, dans une
pétition adressée au Sénat, que les sociétés étrangères similaires conservassent leur indépendance absolue vis-à-vis
de l'administration ; elles se basent sur ce que l'autorisation, ou au moins la permission qui devra leur être accordée, les légitimera, pour ainsi dire, aux yeux du public
en dissipant les préventions que leur origine faisait naître
contre elles.

M. le rapporteur remarque fort justement qu'en premier
lieu, l'intérêt général oblige le législateur à soumettre ces
compagnies à un examen préalable et à une surveillance
qui n'auraient pas de raison d'être si elles n'atteignaient
pas aussi bien les sociétés étrangères que les compagnies
françaises. En second lieu, ces dernières n'ont fait cette
demande que parce qu'elles ont une idée fausse de ce que
réclame leur intérêt particulier. Les lenteurs administratives, les règlements minutieux imposés à la constitution
de la compagnie ont bien leurs mauvais côtés, dont les ré-
clamants s'apercevront encore mieux lorsqu'ils seront soumis à cette surveillance que doit organiser un décret d'ordre
administratif. Il nous semble qu'actuellement la confiance
témoignée à ces sociétés étrangères est aussi grande que

possible ; et nous ne voyons pas de raison pour craindre que
la permission de l'administration leur donne plus de crédit.
En résumé, c'est une chose excellente que de ne pas accorder aux étrangers des privilèges qu'on refuse aux
nationaux.

Nous passons aux sanctions pénales: quelques critiques
se sont élevés contre la multiplicité des délits créés par
la loi nouvelle et contre l'exagération des peines édictées.
M. le rapporteur leur répond avec raison que s'il a fallu
faire subir un remaniement à la loi de 1867, cela provient
surtout de ce que la spéculation effrénée et la fraude pas-
saient trop aisément à travers les mailles trop peu serrées
de ses prescriptions ; c'est pourquoi, dans le but de rendre
le réseau à la fois plus résistant et plus compact, le projet
de loi a multiplié les prohibitions, qu'on ne pouvait rendre
efficaces qu'en les corroborant par des sanctions pénales ;
qu'en outre si les peines corporelles ont été bien souvent
ajoutées aux peines pécuniaires, c'est parce que l'expérience et le bon sens ont démontré que ces dernières n'ont
pas grande force contre des gens appelés le plus souvent
à manier les millions que les sociétés concentrent dans leurs
caisses et qui consentiront sans peine à payer une amende,
fût-elle de dix mille francs, s'ils ont à ce prix fait une
bonne affaire.

Rien de plus juste que ces réflexions : l'amende à payer ne
comptait réellement pas ; la prison au contraire est une peine
grave, parce qu'elle est infamante. N'est-il pas convenable
que ceux qui veulent entrer dans la carrière si lucrative
de l'administration des sociétés, sachent, par les peines
dont ils sont menacés, l'importance des obligations sérieuses qu'ils ont à remplir, et que ce n'est pas une sinécure
honorifique et rémunératrice qu'ils acceptent? Ne suffit-il
pas qu'un honnête homme soit assuré, lorsqu'il prendra

les fonctions d'administrateur, que, s'il remplit son devoir consciencieusement, c'est-à-dire non seulement avec une honnête intégrité, mais aussi sans une négligence et une inertie coupables, il n'aura pas à craindre d'encourir ces nouvelles sévérités de la loi ? Si le projet de loi devait s'attendre à quelque reproche sur ce point, c'était plutôt pour avoir atténué les responsabilités dans une trop grande mesure ; mais nous croyons qu'il a trouvé la note exacte et qu'il ne mérite des reproches ni dans un sens ni dans un autre.

Il ne nous reste plus à signaler qu'une seule modification apportée au projet de loi par la commission ; nous lui attribuons la plus grande importance ; et le nouvel article 109, qui est à peu près le dernier article du projet, sera certainement le premier dont les avantages se feront sentir.

Lorsqu'une loi a été mise à l'épreuve pendant un certain laps de temps, il arrive d'ordinaire que les discussions des commentateurs et surtout des décisions contradictoires de la jurisprudence, ne tardent pas à faire ressortir les amphibologismes et les obscurités qu'elle rénferme ; il est aisé de comprendre les inconvénients multiples qui en résultent. Les particuliers et les juges ne savent où est le droit ; les uns n'osent agir, les autres jugent dans un sens plutôt que dans un autre. Les premiers hésitent à demander aux tribunaux la justification de leur bon droit, et les seconds indécis cherchent dans les circonstances de la cause quelque échappatoire qui leur permettent au moins de juger avec équité, puisqu'ils ne peuvent s'appuyer sur une loi obscure.

La législation de 1867 renferme un grand nombre d'articles qui, soit par défaut de clarté dans leur rédaction, soit par le manque de principes généraux qui les justifient et les éclairent, soit par d'autres imperfections, ont donné lieu à des discussions et à des décisions des tribunaux les plus contradictoires. Tantôt une jurisprudence qui paraissait établie a fait subitement place à une autre qui décidait dans un sens opposé, et tantôt différentes cours, mieux encore différentes chambres de la même cour rendaient des arrêts en opposition flagrante.

La commission a donc rendu un service immense en cherchant à expliquer les obscurités de la loi de 1867 ; il est naturel d'ailleurs que le législateur donne le sens réel et positif des dispositions légales lorsque ceux qui sont chargés de les exécuter se déclarent indécis et perplexes dans leurs décisions. Voici le résumé des points litigieux que la commission a tranchés : Elle a défini les règles de la procédure à suivre quand les souscripteurs et leurs cessionnaires sont poursuivis en payement de versements non effectués, et elle a même réduit la durée de leur responsabilité. Elle a déterminé les modifications qu'une assemblée générale peut apporter aux statuts. Elle a interdit aux administrateurs de prendre part au vote pour la nomination des commissaires ; elle défend aux sociétés de répéter les sommes par elles payées à titre d'intérêts ou de dividendes lorsqu'un titre est présenté au remboursement longtemps après le tirage où il est sorti ; elle applique les règles de la constitution des sociétés aux augmentations de capital ; elle définit en quel cas et en quelle manière les compagnies peuvent ou ne peuvent pas racheter leurs propres actions ; elle décide que désormais les administrateurs ne pourront prendre un intérêt direct ou indirect dans un marché passé avec la société ou pour son compte qu'après une autorisation nominative et expresse de l'assemblée générale ; elle applique à toutes les sociétés formées sous le régime de la loi de 1867 les prescriptions nouvelles relatives à la publicité, notamment les insertions au Recueil officiel, les articles qui concernent les obligations, les sociétés d'assurance et les compagnies étrangères.

On le voit, cet article 109 dénote un sens pratique qu'on ne saurait trop louer, et nous avons trop accentué nos critiques pour céder ici à la crainte de dépasser la mesure dans nos éloges. Du reste nous ne saurions terminer cet examen, si sommaire et si rapide qu'il soit, sans jeter un dernier coup d'œil sur l'ensemble du travail de la commission sénatoriale. Il est bien tel que nous l'avions prévu; mais non pas tel que nous l'aurions désiré.

CONCLUSION

La commission sénatoriale a travaillé sur les données de la commission extraparlementaire ; elle s'y est cantonnée, pour ainsi dire. Il est juste de reconnaître qu'elle a étudié longuement le projet de loi ; elle lui a fait subir des modifications, qui, pour certaines, n'ont pas grande importance, pour d'autres, sont dangereuses, et pour quelques-unes, sont utiles ; mais elle est restée inébranlable sur le terrain où elle s'était placée ; aucune considération, aucun horizon n'ont pu la séduire. Nous lui devons cette justice, qu'appelée à discuter l'œuvre qui lui était soumise, elle n'a pas dévié, en écolière docile, de la voie qui lui était indiquée.

N'aurait-elle pas pu mieux faire ? Était-il si difficile à certains de ses membres de consulter les lois étrangères, dont quelques-unes ont été préparées dans des conditions infiniment meilleures que ne le sont les lois en France depuis bien longtemps ! Ne devraient-ils pas s'imposer la légère peine de lire les diverses critiques qui ont paru dans les recueils et les journaux?

Nous avons eu l'occasion de remarquer que la commission semblait ne connaître ou à peu près que M. Vavasseur, le suivant pas à pas et en admiratrice fidèle. La commission extraparlementaire, qui comprenait dans son sein des hommes compétents, connaissant bien la matière des sociétés, ne semble pas avoir montré le même entraînement ; aussi, en lisant le rapport, serait-on porté à croire que M. Vavasseur a voulu prendre une revanche sous un voile anonyme.

Pendant que le rapportuer était en veine de réparation, il aurait peut-être pu citer avec profit un savant jurisconsulte, qui a condensé dans un livre très savant tous les vrais principes des sociétés et qu'un oubli seul a pu éloigner de la commission extraparlementaire : nous avons nommé M. Paul Pont.

Certes, dans une matière exclusivement de droit, on n'a voulu ni marquer une préférence, ni indiquer une exclusion ; mais, quand on veut d'être législateur, les bonnes intentions ne suffisent pas ; il est nécessaire, par une attention impartiale, de ne pas donner prise à la critique, de joindre à une étude complète du sujet un jugement en dehors de toute pensée extérieure et de savoir se placer à un point de vue élevé et général qui apparaisse à tous.

La commission sénatoriale avait cependant une belle œuvre à accomplir !

Sortant des détails, des espèces, des cas particuliers, auxquels la commission extraparlementaire avait dû s'attacher à raison même de la mission qui lui avait été tracée, elle pouvait, elle, émanation élevée du pays, ayant le droit de voir plus haut, plus large et, qu'on me pardonne l'expression démodée, de faire plus grand, elle pouvait, dis-je, s'inspirant de toutes les lois déjà faites, de toutes les discussions auxquelles elles ont donné lieu à l'étranger et qui n'ont pas été sans grandeur, de toutes les critiques parues, établir à la base de son œuvre les principes sur lesquels reposent les sociétés par actions et faire ensuite découler de ces principes les conséquences naturelles et nécessaires.

Espérons que d'autres viendront, plus attentifs aux voix du dehors, plus dégagés des points de détail, moins inféodés aux personnes, plus élevés dans la conception, qui amélioreront cette œuvre si imparfaite et lui assureront ainsi une existence plus durable que celle qui a été accordée à la loi de 1867 !

FIN.

TABLE DES MATIÈRES

ARTICLE II

VIE SOCIALE

ARTICLE III

PERSONNALITÉ JURIDIQUE. — PRESCRIPTION DE TROIS ANS

ARTICLE IV

COMMANDITE PAR ACTIONS

ARTICLE V

DISPOSITIONS RELATIVES A LA PUBLICITÉ

ARTICLE VI

DES OBLIGATIONS

13

ARTICLE VII

DES TONTINES, DES SOCIÉTÉS D'ASSURANCES SUR LA VIE, MUTUELLES ET A PRIME ET DES SOCIÉTÉS CIVILES.

ARTICLE VIII

DES SOCIÉTÉS ÉTRANGÈRES

ARTICLE IX

SANCTIONS PÉNALES

ARTICLE X

DE LA FUSION, DE LA LIQUIDATION ET DE LA FAILLITE DES SOCIÉTÉS PAR ACTIONS.

CONCLUSION DE LA DEUXIÈME PARTIE

TROISIÈME PARTIE

EXAMEN DU RAPPORT DE LA COMMISSION SÉNATORIALE

ARTICLE 1er

CONSTITUTION DE LA SOCIÉTÉ

ARTICLE II

VIE SOCIALE

ARTICLE III

SOCIÉTÉS A CAPITAL VARIABLE. — OBLIGATION. — SOCIÉTÉS ÉTRAN-GÈRES. — SANCTIONS PÉNALES

7307. — Tours, imp. Rouillé-Ladevèze, rue Chaude, 6.

www.ingramcontent.com/pod-product-compliance
Lightning Source LLC
Chambersburg PA
CBHW070520200326

41519CB00013B/2867